保育リーダーのための
\職員が育つ/
チームづくり

公益社団法人全国私立保育連盟 監修

鈴木健史 編著

中央法規

監修のことば

　子どもの主体性を大切にする保育、そして子どもの人権を尊重した保育が全国各地で展開されています。子ども主体の保育を実践するためには、子どもたちのモデルとなる保育者の主体性の発揮も重要となります。

　質の高い保育が醸成されるためには、保育者間のコミュニケーションを良好なものにするための相互を尊重する場づくり、充実した園内研修や会議をコーディネートする「人材」が不可欠です。

　公益社団法人全国私立保育連盟では、そのような重要な役割を担う人材を「園内研修コーディネーター」と呼び、その育成を目的とする「園内研修コーディネーター養成講座」を開催しています。講座では、受講者が「相互尊重の場づくり」や「豊かな保育実践を生み出す主体的で協働的な保育者集団・組織づくり」に貢献するミドルリーダーとしての役割を身につけることを目指しています。

　春になると公園や空き地に草花が育ち、木には新芽が膨らみ始めます。自然が持つ力強さを感じるひとときです。

　一方で、鉢植えの花や観葉植物の成長はそうはいきません。人の手で水や肥料をやり、日当たりを調整する必要があります。手入れを怠ると枯れてしまうこともあります。また、間違った育て方をした場合も育たないことがあります。育てている植物に合った方法を選択することが大切です。

　栽培方法を学び、手をかけ、注意深くかかわることで、植物は大きな花を咲かせ、緑の葉を輝かせます。「職員が育つチーム」も同様です。建物を建てて、人を集めただけではチームは育ちません。チームが育つ道筋を学び、そのチームに合ったサポートを行うことによって始めて育っていきます。本書では上記の「園内研修コーディネーター養成講座」の講師である鈴木健史先生が、保育現場で働く保育者を中心としたチームが輝き続けるための考え方や手法を紹介されています。

　本書を手にした皆さまのチームが豊かに育つことを祈念いたします。

2023年3月

公益社団法人全国私立保育連盟

はじめに

　保育者は、よりよい保育実践のために必要な知識・技術の修得に努め、保育のスペシャリストになっていくことが求められます。しかし、同時に組織性を身につけていくことが重要です。組織性とは、組織の活動を円滑に進めるための知識や技術のことで、本書のテーマであるリーダーシップもその一つの要素です。ただ、問題は組織性について学ぶ機会が十分に保障されていないということです。そのため、リーダーという立場になって突然、リーダーシップを発揮することが求められて戸惑う保育者も多いのではないでしょうか。本来は、新人保育者あるいは養成校の段階において、組織性について学ぶ必要性があると思います。なぜなら、組織性の中にはメンバーの一員としてともに協働するメンバーシップも含まれるためです。

　さて、リーダーという立場になった保育者は、これまで人生で出会ったさまざまなリーダー的な存在をモデルにしてリーダーシップを発揮しようとします。しかし、それは偏ったリーダーシップである場合が多く、うまくいかないと感じ、リーダーとしての自信を身につけることはできません。そこで本書は、第1章で現代の保育現場で求められるリーダーシップの基本について解説をしています。そして、第2章では、リーダーに求められる具体的な役割とスキルについて解説し、さらによくあるリーダーの悩みとそれに対する具体的解決策を図解とイラストを使って紹介しています。どのテーマから読んでも理解できるように仕立てましたので、興味のあるところから読んでいただけます。

　さまざまなリーダーシップや組織開発の理論がありますが、本書ではできるだけ理論を噛み砕き、保育の言葉を使って解説することを心がけました。また、これまで多様な保育現場において、研修やコンサルとして関わらせていただき、著者の実感を伴った理論のみ採用しています。本書が、保育現場の皆様にとってリーダーシップを実践していくためのヒントとなれば幸いです。

2023年3月

鈴木健史

目次

第1章

保育における
リーダーシップとは

1 なぜリーダーシップを身につけることが難しいのか

リーダーとしてあなたに求められていることは？

　「リーダーとして、保育現場でどのような役割を求められていますか？」という質問をしたら、あなたはどう答えるでしょうか。「保育の方向性を示す」でしょうか。それとも、「保育を通して新人を育成すること」と答えるでしょうか。

　多くの保育者はこの質問に対して、「私がリーダーとして求められている役割は、おそらく○○だと思います」と答えます。そこで、「なぜそのような役割が求められていると思うのですか？」とさらに質問をすると、「たぶん、今の園での自分の立ち位置からすると、そのような役割が求められているのではないかなと思って」という答えが返ってくる場合があります。つまり、自分のもっている少ない情報を頼りに憶測をしているのです。しかし、保育現場のリーダーとしての自分の役割について、自信をもって答えられる人は少数でしょう。どうしてこのようなことが起こるのでしょうか。

リーダーシップを学ぶ機会がない

　主な理由は2つあります。一つ目の理由は、リーダーシップについて学ぶ機会が少ないからです。保育業界では、保育の専門性を身につける機会は保育者養成においても、就職後も数多くありますが、リーダーシップの知識や技術を身につける機会はそれほど多くありません。しかし、組織・チームのメンバーの一員として仕事をするためには、専門性を身につけるとともに、組

織・チームへ貢献するための方法である「組織性」（詳細は第２章）についても学ばなければなりません。リーダーという立場に立ってはじめて、保育現場で求められるリーダーシップについて学んでこなかったという事実に気づくことになります。

　そのため、リーダーシップを発揮しようとするときに、これまで自分が出会ったリーダーをモデルにして、見よう見まねでリーダーシップを発揮しようとします。保育現場のリーダーだけではなく、学生時代の部活動の先輩や学校の先生など、これまで出会ったさまざまなリーダー的な存在を無意識にモデルとして取り入れているかもしれません。しかし、自分のもっている少ない情報と勘を頼りにリーダーシップを実践していては、いつまでたってもリーダーとしての自信を身につけることはできないでしょう。

組織・チームのなかで求められている役割が不明確

　もう一つの理由は、自分の所属する組織・チームのなかでリーダーとしてどのような役割が求められているのかがわからないからです。園の規模や職員構成によって、リーダーと呼ばれる人に求められる役割は異なります。たとえば、初任者層が多数いるＡ園では、ミドルリーダー層は、自分の保育だけに注力するのではなく、リーダーとして組織・チームの保育の質向上に大きく貢献することが求められます。しかし、現場経験20〜30年以上のベテラン層の厚いＢ園では、3〜7年ほど経験を重ねたミドルリーダー層は、リーダーシップを発揮するよりも、保育のスペシャリストとしての役割が求められます。

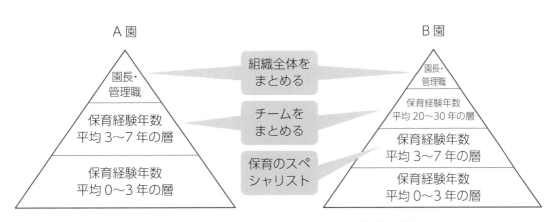

組織・チームの実態に応じて、求められる役割は異なる

　そのため、リーダーも含めたそれぞれの職員階層に求められる役割について明示化して、職員間で共通理解をはかる必要があります。つまり、「うちの園において、リーダーの役割はこれ」という、組織・チームのなかで期待される役割が明確に示され共有されていないと、リーダーは自分の役割を自信をもって担うことができないのです。

❷リーダーシップとは 何か?

ヘッドシップとリーダーシップの違いを理解する

まずはヘッドシップとリーダーシップの違いについて理解しておきましょう。

■ヘッドシップとリーダーシップの違い

ヘッドシップ

組織内での地位に基づき、被指導者に対して権限を行使すること

リーダーシップ

組織のトップだけでなく、さまざまなメンバーがリーダーとなり、目的を達成するために他者に影響を及ぼすこと

　保育園や幼稚園、認定こども園における次年度のクラス担当など、人員配置についての最終的な決定権は、園長がもっていることが多いのではないでしょうか。ヘッドシップとは、このように指導的立場にある者が組織内での地位に基づき、被指導者に対して権限を行使することです。権限には責任が伴います。そのため、適材適所の人員配置ができたかどうかは、この場合、園長の責任であるということになります。

　一方、リーダーシップとは、組織のトップだけではなく、さまざまなメンバーがリーダーとなり、目的を達成するために他者に影響を及ぼすことです。

　保育現場の組織・チームの目的は、「保育の質の確保・向上により子どもたちの健全な心身の発達を図る」ことでしょう。また、会議の場であれば、その目的は、「結論を出す」ことや「合意を形成する」ことになります。それらの目的を達成するために、メンバーがお互いに影響を与え合うことがリーダーシップです。つまり、誰でも（1年目の新人でも）リーダーシップを発揮することができるのです。

　たとえば、会議において新人保育者がベテラン保育者の発言にうなずき、メモを取りながら一生懸命聞いていたとしましょう。すると、そのような新人保育者の姿を見て、ベテラン保育者は

勇気づけられ、さらに思い切った発言ができるかもしれません。その影響で他の職員からもさまざまな意見が出ることになり、結果として「結論を出す」という会議の目的が達成できます。つまり、この場面では新人保育者のリーダーシップにより、会議の目的が達成できたということになります。

保育現場で求められる分散型・協働的リーダーシップとは

　保育現場で求められるリーダーシップとは、カリスマ性や権威のあるリーダーによるトップダウン（上意下達）型の組織・チームではなく、分散型・協働的リーダーシップだと考えられています。

　分散型・協働的リーダーシップとは、園長や主任、ミドルリーダーだけではなく、すべての職員がリーダーシップを発揮することのできる組織・チームです。リーダーシップを分散する、つまり分け合っている状態です。分け合っているのは権限と責任です。先程の人員配置については、最終決定権は園長にあり、そのため権限と責任は園長にのみありましたが、分散型・協働的リーダーシップでは、さまざまな職員が権限と責任を分け合います。リーダーシップというと、難しく考えてしまいますが、要は一人ひとりの職員のよさや持ち味が活かされている組織・チームのあり方を目指すのだと考えてください。

　ただ、各々の発揮しているリーダーシップに気づくことは意外と難しいです。皆さんの会議の場において、先ほどの事例のように、新人保育者の傾聴する姿勢が見られたときに、それが「リーダーシップ」だと気がつくことができるでしょうか。もしかすると、聞いているだけで全く発言をしないその新人職員のことを、「積極性がない」と否定的な評価をしてしまうかもしれません。互いのよさや持ち味に気づくことができる関係性を築くことが、多くの職員がリーダーシップを発揮することのできるような協働的な組織・チームづくりにつながります。

分散型・協働的リーダーシップ

||

権限と責任を分け合う
よさや持ち味を発揮し協働する

❸ よさや持ち味が活かされて いる組織・チームのつくり方

分散型・協働的リーダーシップが求められるわけ

　なぜ保育現場において、分散型・協働的リーダーシップが求められるのでしょうか。

　それは、カリスマ性や権威のある強い一部のリーダーが、上意下達で職員に指示を出し、職員はその指示に忠実に従うようなトップダウン型の組織では保育はできないからです。トップダウン型の組織・チームのあり方では、組織・チームで起こってくるさまざまな課題は、一部のリーダーが解決策を考え指示を出し、職員はその判断に従って動きます。

　職員は日常的にリーダーにすべての判断を任せているので、依存している状態になり、リーダーが不在のときには自分たちで判断や決定をすることができません。しかし、そもそも保育とは、子どもの興味・関心の移り変わりや活動の展開など、予期しない事態への遭遇に対して、柔軟に応答的に対応することが求められます。そのため、職員一人ひとりが自分で考え行動し、主体的に問題を解決していくことができる組織・チームでなければならないのです。

■トップダウン型から分散型・協働的リーダーシップへ

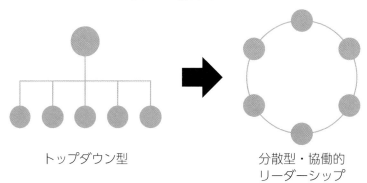

トップダウン型　　　　　　　　分散型・協働的
　　　　　　　　　　　　　　　リーダーシップ

職員間の同僚性とは

　分散型・協働的リーダーシップは、職員間に「同僚性がある」状態だといってもよいでしょう。

　「同僚性がある」とは、立場に関係なく率直に自分の意見や思いを伝え合うことができる関係性が築かれているという状態です。職員の誰かがリーダーシップを発揮しているときには、ほか

の職員はその人をフォローします。リーダーシップを発揮する人が固定ではなく、リーダーシップを発揮する人とフォローをする人が、流動的に入れ替わる組織・チームです。

　そのような柔軟性のある組織・チームをつくるためには、よさや持ち味を発揮できる職場環境をつくる必要があります。そのためには、職員一人ひとりが互いのよさや持ち味を理解するとともに、弱さや欠点を認め合い補い合う関係をつくることが重要です。

　たとえば、筆者が新人として、乳児保育を担当していた頃、経験も知識も不足していたため、リーダー保育者に多くのことを教わり、助けてもらいました。保育者として自信もなく、組織・チームに貢献できている感覚はもてませんでした。しかし、ある日ベテラン保育者が、パソコン作業がうまくいかずに助けを求めてきたときに、パソコンが得意な筆者のよさや持ち味を発揮することができ、「こんな自分でも役に立てた」「ここにいていいんだ」という感覚をもつことができました。

リーダーのあり方が同僚性構築の鍵

　筆者が自分のよさや持ち味を発揮することができたのは、リーダー保育者が自分の弱さや欠点をさらけ出し、助けを求めてくれたからです。つまり、同僚性を構築できるかどうかの鍵は、リーダーのあり方にかかっているということです。

　リーダーが弱さや欠点を隠すことなくメンバーに助けを求めることで、他の職員も所属する組織・チームのなかで安心して自己をさらけ出しやすくなります。さらに、リーダーはポジティブな（温かな）まなざしを職員に向けることが求められます。筆者は当初、自分のよさや持ち味を全く認識していませんでした。リーダーにはまだ本人も気づいていない一人ひとりの職員のよさや持ち味、そして成長の可能性に着目し、それらが発揮される環境を整えていくことが求められます。さらに、リーダー自身も自分のよさや持ち味とは何か、また、それを組織・チームのなかでどのように発揮できるのかを考え続ける姿勢が大切です。

お互いの弱みや欠点を補い合う関係性構築を目指す

4 リーダーの ポジティブなまなざし

リーダーによるエンパワメント

　メンバーのよさや強みを引き出すために、リーダーはメンバーをエンパワメント（empowerment）するようなかかわりが求められます。エンパワメントとは、個人や組織・チームのなかに潜在している力（強み）を引き出すことを意味します。

　具体的には、リーダーはメンバーのよさや強みに気づき、伸ばしていくための機会をつくったり、発揮できる場を用意したりします。筆者も現場の保育者だったときに、突然、研修担当に抜擢されたことがあり、園内研修や市の保育団体の研修で講師役を務めました。研修内容を考える過程で、改めて保育所保育指針を読み直し実践を振り返ったり、さまざまな書籍にふれたりすることで、保育について深く考える機会となりました。そのときの経験は、保育者として自信のなかった筆者に、保育の面白さや奥深さを気づかせてくれました。また、組織・チームに対する貢献感をもつことができました。改めて振り返ると、筆者のよさや強みに気づいてくれるリーダーがいたからこそ、保育者として成長することができたのではないかと思います。

リーダーの温かなまなざし

　保育において、保育者は子どもを理解するうえで「温かなまなざし」を向けることが求められます。「温かなまなざし」とは、子どものありのままを肯定し、育つ力を信じるまなざしです。リーダーが職員に「温かなまなざし」を向けることで、職員は自己の力を発揮することができ、さらに成長していこうという姿勢が生まれます。「温かなまなざし」とは、ポジティブアプローチで人材育成をするということです。

　ギャップアプローチは減点法、ポジティブアプローチは加点法による人材育成です。ギャップアプローチとは、相手の弱みや欠点、課題などに注目し、その欠けている穴を埋めようとするアプローチです。しかし、よくよく考えてみると、弱みや欠点のない完璧な保育者など存在しません。つまり、現実的なやり方ではないということです。また、弱みや欠点ばかりに注目されると、現在の自分が常に否定されているような気持ちになり、成長しよう、変わっていこうという気持ちをもつことができません。

■ ポジティブアプローチとギャップアプローチ

ポジティブアプローチ

相手のよさや強みに
注目し伸ばす

個性が発揮
される

ギャップアプローチ

欠けている
穴をうめる

完璧な保育者
を目指す

　一方、ポジティブアプローチとは、相手のよさや強み、あるいはすでにできていることに注目し伸ばしていくアプローチです。下図では、その人のよさや強みが伸びていくことで、組織・チームにおいて個性が発揮されることになります。さらに、自信がつくことで、自ら弱みや欠点も克服していこうとする姿勢が生まれます。保育も職員の人材育成においても、人の育ちにはポジティブなまなざしを向けてくれる伴走者が必要だということです。

■ 人の育ちには伴走者が必要

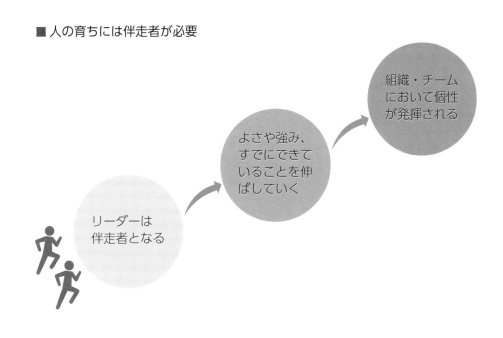

リーダーは
伴走者となる

よさや強み、
すでにできて
いることを伸
ばしていく

組織・チーム
において個性
が発揮される

5 任せる・委ねる・見守る・権限を委譲する

リーダーは一人で頑張る必要はない

　リーダーは自分一人で頑張る必要はありません。リーダーが一人でリーダーシップを発揮する状態では、メンバーはリーダーに依存することになり、結局トップダウン型の組織・チームになってしまいます。また、リーダーに大きな負担がかかります。つまり、リーダーの「我慢」や「無理」に支えられた不健康な状態となります。

　人間の身体と同じように、組織・チームも、不健康な生活を続けると大病に至ります。分散型・協働的リーダーシップの組織・チームでは、負担を分担することで、リーダーにかかる過度な負担を減らすことになります。分散型・協働的リーダーシップの組織・チームづくりには、個人や組織・チームの力を信じて「任せる・委ねる・見守る・権限を委譲する」といったリーダーシップも必要です。

■ 組織・チームづくりは実態の把握から

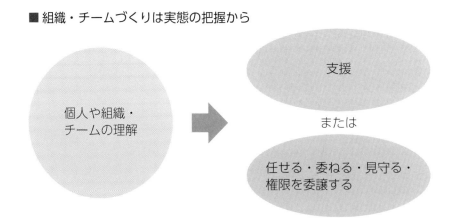

個人や組織・チームの実態を把握する

　もちろん、そのためには、リーダーが個人や組織・チームの状態を把握していなければなりません。保育でも子どもの発達や状況を理解したうえで、援助が必要かどうか判断をし、かかわり方を変えます。たとえば、2歳児二人が玩具の取り合いを始めると、保育者は近くに行って、お互いの子どもの思いを言葉にして橋渡し役になるでしょう。ただし、5歳児同士が同じように場所や物の取り合いを始めても、自分たちで解決することができる力があれば、すぐに介入するこ

とはせず、少し離れた場所で見守るという選択をすることが多いのではないでしょうか。また、保護者支援を行う場合も、保護者の置かれた状況やニーズの理解が基本となって、支援方法を検討することができます。新人職員が多い組織・チームでは、ある程度リーダーの「教える」ことや「情報提供をする」などのていねいなアプローチが欠けてしまうと、新人職員は放任されているように感じるでしょう。個人や組織・チームの実態を理解したうえで、適切なタイミングを見極めて、自立を目指して「任せる・委ねる・見守る・権限を委譲する」といったアプローチを選択するようにします。自立することで、徐々に支援は必要なくなり、リーダーの負担が減っていきます。

リーダーにも成長・変化が求められる

　組織・チームを変えていくためには、組織・チームを客観的に眺め、課題や問題を発見し、組織的に解決する方法を検討する姿勢も大事ですが、状況に応じ、時にはメンバーの一員としてともに協働し（メンバーシップ）、支え合い（パートナーシップ）、時にはメンバーに委ねたり助けてもらう（フォロワーシップ）など、多様なあり方ができるような柔軟性が求められます。

　組織・チームを変えていくには、リーダーが成長し変化していこうという姿勢をもつことが重要です。組織・チームの一部であるリーダー自身のそのような姿勢は他の職員のモデルとなり、組織・チームが成長し変化するための促進力を生み出すでしょう。

■ リーダーの多様なあり方

リーダー

メンバーシップ
・メンバーの一員としてともに協働する

パートナーシップ
・メンバーと相互に支え合う

フォロワーシップ
・時にはメンバーに委ねる、助けてもらう

5

任せる・委ねる・見守る・権限を委譲する

6 組織・チームに対するリーダーの支援（タスクとメインテナンス）

ファシリテーターとしてのかかわり

　組織やチームのパフォーマンスを向上するためには、リーダーの支援が必要です。そして、リーダーにはファシリテーターとしての姿勢が求められます。

　ファシリテーターとは、「プロセスに働きかける（介入する）ことを通して、グループの目標をメンバーの相互作用により明確化し共有化して、その目標を達成することと、メンバー間の相互信頼関係を創り出すことを促進する働き（ファシリテーション）をする人」*のことです。ファシリテーション（facilitation）とは「促進する」「容易にする」という意味です。組織・チームの目標達成（タスク）の支援と、人間関係づくり（メインテナンス）の両方の支援を行います。目標達成の支援と人間関係づくりは、組織・チームの車の両輪だと考えてください。

会議では…

目標達成
議論を深め
合意形成をする

人間関係づくり
職員同士が率直に思いや意見を
伝え合うことのできる人間関係

保育では…

目標達成
保育の質の
確保・向上

人間関係づくり
職員集団のチームワークや
コミュニケーションのあり方

組織・チームのパフォーマンス向上のために

　リーダーが両方の支援をバランスよく行うことで、組織・チームのパフォーマンスは向上し、車は勢いよく前に進みます。たとえば、職員会議における組織・チームの目標達成とは、「議論を深め合意形成をする」ことになります。そして、そのためには職員同士が率直に思いや意見を伝え合うことのできる人間関係が必要です。

　ちなみに、保育現場における目標は「子どもの健やかな育ち」や「保育の質向上」ということ

*津村俊充「改訂新版 プロセス・エデュケーション――学びを支援するファシリテーションの理論と実際」金子書房，65頁，2019年

になりますが、それらの目標達成には、やはりチームワーク向上やコミュニケーションの質向上といった人間関係づくりも求められます。

　ファシリテーションとは対象（個人、対人関係、チーム、組織）となるものが、直面しているさまざまな障害（心理的、物理的）を、自ら取り除き、目標達成を進めていけるように、援助促進することです。言い換えれば、ファシリテーションの最終的な目標は「自立」です。個人の自立、自立できた対人関係（相互受容のコミュニケーション）、チームの自立（活性化したチーム）に向けて、援助・促進することがリーダーの役割です。まさに、リーダーにはファシリテーターとしてのあり方が求められるということです。

ファシリテーション力を身につけるために

　そのようなファシリテーターとしてのあり方を身につけるために、組織・チームの目標達成と人間関係づくりの支援の両方を意識して動いてみましょう。たとえば会議の冒頭にまず、会議の目的と進め方について確認しましょう。そして、議論を深め、最終的には参加者が合意を形成するための支援を行います。これらは、組織・チームの目標達成の支援ですが、同時に人間関係づくりの支援を行います。一人一言ずつ自分の気持ちを言葉にする「チェックイン」（詳細は第2章）を行い感情の交流を促したり、付箋紙や模造紙等を使い、参加している全員が発言しやすい環境をつくり、相互理解を促進したりします。

　保育においても、目標達成だけではなく、人間関係づくりにも積極的に取り組みましょう。取り組みを始めると、自分が目標達成を重視する傾向があるのか、人間関係を重視する傾向があるのかがわかってきます。まずは両方の支援を意識して動き、自分の傾向を知り、徐々にバランスのよい支援ができるようにしましょう。

リーダーはバランスのよい支援を目指す

7 組織的な取り組み

専門性向上の土台となる組織的な取り組み

　組織・チームが成長・変化するために、リーダーは組織・チームのメンバーに対してポジティブなまなざしを向ける、話を聴くなど、直接的なアプローチをすることだけではなく、しくみづくりなどの間接的なアプローチにも積極的に取り組みましょう。

　例を挙げて説明しましょう。保育の質の確保・向上のためには、継続的な職員の専門性向上が求められます。しかし、職員が専門性向上に取り組むためには、研修体系の構築、キャリアパスのしくみの構築、園内外研修の充実や職場の環境改善、職員間の関係性の向上など組織的な取り組みが土台となります。

　ところが、職員の専門性向上については、本人の努力に任せっきりになってしまっていることがないでしょうか。そして、保育者としての成長が見られないと、「本人の努力が足りない」とか、「仕事に対してやる気がない」と、個人の責任としてとらえてしまいがちです。

■ 保育の質の確保・向上のための組織（園）づくり

保育の質の
確保・向上

職員の専門性向上

組織的な取り組み
(研修体系の構築、キャリアパスのしくみ、園内外
研修の充実、職場の環境改善、関係性の向上 など)

職員と組織は相互依存関係にある

　職員と組織は相互依存関係にあります。つまり組織は、組織の目標である「子どもの健やかな育ち」を達成することを、職員の職務遂行に依存しています。職員は組織の目標を理解し、組織の目標達成に貢献することが求められています。一方で、職員は組織に所属することで、保育や

仕事を通して自己実現を果たしていくことができます。このように、職員と組織は相互に支え合っている関係です。そのため、組織は個人の職務遂行を支えていく必要があります。

　職員個人の努力に任せ、依存するのではなく、組織・チームにおいて、個人の専門性向上を支えていくようなしくみづくりが必要だということです。しくみがあることで、リーダーが意識的に個々の職員を支援しなくても、自ずと職員の専門性が向上していくことが期待できます。

■ 組織と職員の相互依存関係

多くの職員を巻き込むことが変革につながる

　このような組織的な取り組みは、一人のリーダーの努力だけでは限界があります。また、リーダーのあり方は他の職員のモデルとなります。リーダーに過剰な負担がかかり、余裕がなく仕事をしていると、無理や我慢をすることが当たり前という風土ができてしまい、職員が継続的に安心して仕事をすることが難しくなってしまいます。そのため、リーダーはなるべく多くの職員を巻き込みながら、組織・チームの成長・変化を促す最善の方法をともに検討していきましょう。

　組織を変革していくためには、当事者である職員と組織の現状を共有し、組織・チームとしてどのような対応ができるのかを検討しましょう。そのような対応を積み重ねることで、組織の目標を一人ひとりの職員が自分事として受けとめるようになります。そして、組織の目標達成に組織的に対応するという姿勢ができ、分散型・協働的リーダーシップの組織・チームにつながります。

第1章参考文献

・吉田道雄『人間理解のグループ・ダイナミックス』ナカニシヤ出版，2001年
・イラム・シラージ，エレーヌ・ハレット，秋田喜代美監訳・解説 鈴木正敏、淀川裕美、佐川早季子訳『育み支え合う保育リーダーシップ──協働的な学びを生み出すために』明石書店，2017年
・津村俊充『プロセス・エデュケーション──学びを支援するファシリテーションの理論と実際』金子書房，2012年
・全国社会福祉協議会編『福祉職員キャリアパス対応生涯研修課程テキスト　中堅職員編　改訂2版』全国社会福祉協議会，2021年

第2章

保育リーダーに求められる役割とスキル

1. 働きやすい環境づくり

働きやすい環境づくりは保育の土台

　保育の質向上のためには、職員の働きやすい環境づくりに取り組まなければなりません。なぜなら、保育を支えているのは「人」だからです。保育現場の目標とは、「子どもの健全な心身の発達を図る」ことですが、その組織・チームの目標を達成するには、職員一人ひとりの職務遂行に頼るしかありません。つまり、働きやすい環境づくりにより職員が安心して働き続けることができることは、保育の質向上のための土台づくりだということです。

■保育の土台となる働きやすい環境づくり

子どもの健全な心身の発達

保育の質向上

働きやすい環境づくり

　では、働きやすい環境づくりとは、具体的に何に取り組めばよいのでしょうか。過去に保育士として就職した者が退職した理由に関する調査結果をみると、最も多い理由が「職場の人間関係」で、それから「給料が安い」「仕事量が多い」「労働時間が長い」という労働条件に関する理由が続いています。もしこれらの課題があるのであれば、改善をしていく必要があります。ここではまず、関係性の向上についてどのような取り組みができるのか考えてみましょう。

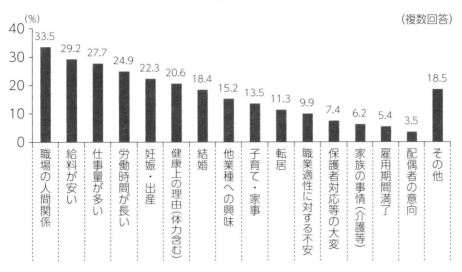

■ 過去に保育士として就業した者が退職した理由

（複数回答）

理由	(%)
職場の人間関係	33.5
給料が安い	29.2
仕事量が多い	27.7
労働時間が長い	24.9
妊娠・出産	22.3
健康上の理由（体力含む）	20.6
結婚	18.4
他業種への興味	15.2
子育て・家事	13.5
転居	11.3
職業適性に対する不安	9.9
保護者対応等の大変	7.4
家族の事情（介護等）	6.2
雇用期間満了	5.4
配偶者の意向	3.5
その他	18.5

資料：東京都福祉保健局「平成30年度　東京都保育士実態調査報告書」20頁，2019年

関係性の向上のためにリーダーができること

　職場の人間関係は固定ではなく常に揺れ動くものです。人間関係は働きやすさ向上のための重要な要素なので、常によりよい関係性の構築を目指して、コミュニケーションの質向上とチームワーク向上に努めるようにしましょう。まずは、リーダーが職員一人ひとりにていねいにコミュニケーションをとるように心がけます。

　自分で認識しているよりも、リーダーの組織・チームへの影響力は大きいです。また、職員間のコミュニケーションのモデルになっているという自覚をもつことも大切です。ただし、リーダーだけの努力では限界があります。コミュニケーションの質向上やチームワーク向上のためには、日々の仕事のなかで自然と職員の相互理解が促進されるようなしくみやしかけが必要です。

業務負担の軽減

　働きやすい職場環境づくりのために、「仕事量が多い」「労働時間が長い」という労働条件に関する課題について、改善をしていきましょう。職員の負担を軽減するために、業務改善に取り組む必要があります。業務分担や仕事の手順などは、既存のやり方に慣れてしまうと、当たり前になり疑問を感じなくなってしまいます。そのためまずは、全体の業務を見える化することから始めましょう。

■5W1Hで業務を整理する

いつ (When)	どこで (Where)	誰が (Who)
何を (What)	なぜ？ (Why)	どのように (How)

　いつ（When）、どこで（Where）、誰が（Who）、何を（What）、なぜ（Why）、どのように（How）という「5W1H」で整理をすることで、実態をよりよく理解し、改善の方向性も見えてきます。既存の業務分担や仕事の手順があると思いますが、どこかに無理が生じていないか、偏っていないか（職員の誰かに過剰な負担がかかっていないかどうか）、確認しましょう。そのような場合、健全な状態ではなく、無理なく安心して仕事が続けられる可能性も低いと考えられます。つまり持続可能性が低いということです。

　自分の人生にとって仕事とは何か、といった仕事観は人によって違います。「仕事のためにはプライベートを犠牲にするのは当たり前」という前提はもたないようにしましょう。業務負担を軽減することは、保育に注力できる環境をつくることになり、保育の質の確保・向上に資する取り組みにもなります。子どもたちと接する保育者に心の余裕があることは、子どもに安心感を与えることにもなるでしょう。

　リーダーの立場が感じている働きやすさと、職員が感じている働きやすさは違います。特にどのような業務に負担を感じているのかについて、リーダーは職員の意見を吸い上げて見直しを行ったり、園長や主任などの管理者層に改善の提案をするなどしましょう。職員の意見を吸い上げる方法としては、アンケートをとる、一対一でヒアリングをする、グループで意見を出し合うなどが考えられます。業務改善などの組織・チームの課題について感じていることを率直に出してもよいという組織・チームの風土への変化を促進していくこともリーダーの大事な役割です。職員の働きやすい環境づくりのために、組織のしくみを変えることも効果的ですが、（一見効率的ではないと感じるかもしれませんが）職員同士の対話により、職員の意識が変わっていくことも大切です。

アンケートをとる

一対一でヒアリングをする

グループで意見を出し合う

保育の「やりがい」と「手応え」

　働きやすい環境づくりとともに、「やりがい」と「手応え」を感じる環境づくりに取り組むことも大切です。保育者が最も重視する「やりがい」とは、自分たちのやりたい保育が実践でき、それが子どもや保護者、地域・社会の幸せにつながっているという実感があるということではないでしょうか。そして、保育の「手応え」とは、自分たちの目指す保育が実践できており、育ってほしい子どもの育ちの姿に近づいている、保育の質が向上しているという実感があるということでしょう。そのためには、やはり保育の質の確保・向上に取り組む必要があります。

　保育の質の確保・向上には、日常の保育のなかに保育の振り返りの機会が位置づき、無理なく継続的に取り組めるようなしくみづくりが求められます。また、保育を振り返ることは、保育者の専門性向上にもつながります。

■　「やりがい」と「手ごたえ」を生む機会の確保

多様な成長の機会の確保
による専門性向上と保育
の質向上の機会の確保

保育者の専門性向上、
保育の質の確保・向上

保育の「やりがい」と
「手ごたえ」

　しかし、専門性向上を目指すのであれば、保育の振り返りの機会だけではなく、多様な成長の機会を設けるようにしましょう。たとえば、職員のキャリアパスを明確化し、それに合わせた研修体系の構築をするなどの取り組みが求められます。一つの取り組みだけで変化を期待するのではなく、多様な取り組みを考え実行し、組織・チームが個人の専門性向上を支えていく体制づくりについて、管理者層とともに検討しましょう。また、職位や職務内容等に応じて、職員の処遇改善が伴わなければ、安心して働き続けることはできません。労働条件については、職員の裁量に委ねられていない部分がどうしても多くなるため、職員は受け身になり、ネガティブな感情を抱きやすくなります。そのため、職員の視点に立った取り組みが必要です。

　保育現場の多様な課題に対応するために、保育者は常に専門性の向上が求められます。それぞれの保育者が、生涯働きたいと感じられる魅力ある職場づくりは、保育者が保育現場で長く活躍することにもつながり、保育の質の確保・向上と、組織・チームとして保育に一貫性が生まれ、理想の保育の実現にも近づくでしょう。

1. 働きやすい環境づくり

ケース **1** 保育を振り返る時間がなく
やりがいや手応えを感じられない

リーダーの悩み

日々の保育を振り返るための時間が確保できず、職員は保育にやりがいや手応えを感じられないようです。
今の状況でも忙しいのに、これから振り返りの機会を新たに設けることで、職員の負担が増えることが懸念されます。

実践アドバイス

　日常において、保育を振り返るための時間が確保できない理由は2つあると思います。それは、

　①保育の現場が多忙であるため振り返りの時間が確保できない

　②保育を振り返ることの優先順位が低い

　ことです。まずは、振り返りの時間を確保するために、業務の整理をしましょう。たとえば、現在、どのような会議や研修が行われているのかを表にします。

　どのような機会があり、目的（情報共有・保育の質向上・関係性の質向上）を達成するために有効な手段の選択ができているかどうかを確認してみましょう。人材と時間は有限です。限られた資源で最大の成果を出す方法について検討しましょう。

　振り返りが「当たり前」に保育に位置づけられるために、保育者間の対話が日常的に無理なく続けられるような環境づくりとともに、振り返りが促されるしくみづくりも重要です。

解決策

1 振り返りが促されるしくみ・環境をつくる

振り返りが促されるようなしくみづくりをしましょう。たとえば、月に1回は各クラスで「保育環境会議」を行い、子どもの理解を共有し、次の1か月間の保育環境について検討する機会をつくります。

また、休憩室に日常の保育場面や行事の写真を飾っておくことで、自然と会話（雑談による保育の振り返り）が生まれるような環境づくりも重要です。

2 ノンコンタクトタイムを確保する

ノンコンタクトタイムとは、休憩時間とは別に物理的に子どもと離れ、各種業務を行う時間のことを指します。導入当初は、保育から離れることに不安を感じる保育者も多いので、導入することでどのようなメリット・デメリットが考えられるのかをあらかじめ全職員で対話します。

また、段階的に時間を延ばしていきつつ、一定期間取り組んだ後は導入後の変化と生じた課題の改善について対話を行います。

保育を振り返る時間づくりの流れ

無理なく継続的に取り組めるような振り返りが促されるしくみ・環境づくりについて検討する

↓

短時間で保育の振り返りに取り組む。自分の思いを表現し聴いてもらうことの心地よさと、他者の思いを聴くことの大切さを実感する

↓

保育を定期的に振り返ることが定着し、当たり前となる

3 保育や子どもへの思いを語る

会議などにおいて、5〜15分程度の短時間でもよいので、自分の言葉で、保育や子どもへの思いを語る時間を確保しましょう。最近の保育のエピソードを語ってもよいでしょう。

まずは、語り合うことに明確な目標や目的を定めることはせず、自分の思いを表現し聴いてもらうことの心地よさと、チーム保育において他者の思いを聴くことの大切さを実感することから始めましょう。

ケース 2 書類業務が多すぎて 前向きに取り組めない

リーダーの悩み

保育の記録や計画、保護者への連絡帳や毎月のクラスだよりの作成などの書類作成業務が多く、書くことに忙殺され、「書く」業務に職員が前向きに取り組めていません。
書類の書式を改善する必要性は感じていても、どのように変えていけばよいのかわかりません。

実践アドバイス

業務効率化の基本的な考え方ですが、業務の負担を減らすためには、

①業務を分担する人数を増やす

②業務自体を減らす、もしくはなくす

③業務を効率化する

のどれかに取り組む必要があります。まずは園全体で行われているすべての業務を洗い出し、「見える化」しましょう。そのうえで①②③のどれによって業務負担を減らせるかを検討します。

　特に書類作成業務は日常において多くの時間が必要となり、保育者は負担を感じている場合が多いです。また、せっかく時間を確保しても、取り組む意味や手応えを感じることができないと、やらされ感（被害者意識）が出てきてしまいます。そのため、書類作成は効率化を目指すとともに、「保育のために必要だ」と感じられる書式に変えていく必要があります。

解決策

1 園の課題に応じてICTを導入・活用する

現在、さまざまなアプリやサービスが提供されています。「便利そうだから……」と考えもなしにただ導入するのではなく、まずは、それらの情報を収集するとともに、自園の現状の課題を抽出します。そして、自園のどのような課題を解決するために、どのようなアプリやサービスを活用するのが最適であるのか検証しましょう。

導入後は、職員が新しい業務のやり方に慣れていく移行期間が必要です。そのため、年度始めや終わりなど忙しくて余裕のない時期の導入は避けましょう。

2 保育に活かすための記録や計画の書式について話し合う

保育に役立っていると実感できる書類の書式について、職員間の対話により検討を行いましょう。できるだけ多くの職員が改善に関与することで、自分たちが納得して取り組むことのできる書式ができるでしょう。

リーダーが常に正しい答えを見つける必要はありません。日々書類を書いている職員は、「もっとこうすればいいのに」というアイデアをたくさんもっています。

3 さまざまな関係者を巻き込む

保育補助の方に業務を担ってもらうことで、職員の業務負担を軽減することができます。しかし、実際には多くの保育現場が人手不足という課題を抱えています。そこで少し発想を変えてみましょう。

たとえば園庭の整備について保護者や地域の方に協力をお願いしたり、保育の活動として子どもと一緒に行事の準備をすることはできるのではないでしょうか。保育現場にかかわるさまざまな関係者を巻き込むことで、人々のつながりを深めることもできるかもしれません。

業務を減らすためには

支え方を変える（業務を効率化する）

支える人を増やす。または、業務自体を減らす、もしくはなくす

ケース 3 職員間の関係があまり向上していない

リーダーの悩み

職員間でお互いにコミュニケーションをとるように心がけているのですが、あまり関係性が向上していないように感じます。チームや組織として保育をするために、よりよい関係性を目指したいのですが、具体的な方法がわかりません。

実践アドバイス

　組織・チームとして保育をするためには、チームワークを発揮することのできる関係性が必要です。そして、チームワークを発揮するためには、職員の相互理解が求められます。保育現場で働いていると、お互いにさまざまな懸念を抱くことがあります。たとえば、自分が周囲からどう評価されているのかについて不安になります。具体的には、「私の保育って周りからどう見られているかな」「会議での私の言葉はどう受け取られたかな」「私の保育ってこれでいいのかな」「私は役に立っているのかな」という不安です。それらの不安は人間関係の悪化につながるおそれがあります。懸念を減らすために、忙しい保育現場であってもコミュニケーションの機会を確保し、自然と相互理解が促進されるような環境の工夫をしましょう。

解決策

1　会議や園内研修を相互理解の機会とする

　人が集まりコミュニケーションをとることのできる貴重な機会である会議や園内研修を、職員相互の双方向的なやり取りのある時間にすることで、相互理解が促されます。

　たとえば、会議で座る場所を毎回くじ引きで決め、近くに座った人同士でグループをつくり、自分の考えや思いを少人数で共有する時間を確保することで、多様な職員同士のかかわりが生まれます。

2　業務を複数で分担し協働する

　業務を複数の職員で分担し協働することで、作業をしながら自然と会話が生まれる状況がつくれます。たとえば、行事の担当者を複数名にすることや、保育の研究テーマごとにチームを編成することもできるでしょう。

　日常的には、担当保育者が集まり、対話をしながらクラスの記録と計画づくりを行うこともできます。誰か一人に任せきりにするのではなく、業務を分担し協働させることで、チームワーク向上にもつながります。

3　掲示による相互理解の促進

　保護者向けに職員の紹介を廊下などに掲示しましょう。名前やクラスだけではなく、趣味や好きな食べ物など、その人らしさが理解できる情報も紹介しましょう（情報の開示については職員の合意を得る必要があります）。職員同士もお互いの掲示内容を見ることで、休憩時間中の何気ない会話につながります。

　共通点が見つかると親近感をもつことにもなります。仕事だけではなく、人間的なつながりが生まれるような環境の工夫をしましょう。

チームで保育観を語り合う

　かさまの杜保育園は今年創立18年目を迎えました。園児は130名。職員は40名を超えます。

　私たちは、「子どもが将来大きくなったときに幸せに生きてほしい」という理念をもち、人はさまざまな人のなかで育ち合って生きていき、そのかかわりのなかで人と過ごすことの心地よさを感じてくれればと願って保育をしています。そのため、異年齢保育を主とし、子ども自身がさまざまな活動を選択して日々暮らしていけるように考えています。

　かさまの杜保育園には、ここで暮らす子どもたちの姿を見て、「ここで保育をしたい」という思いをもった職員が入職しています。その職員一人ひとりが、「かさまの杜保育園をよりよい場所にしよう」と自分なりに考え、実践しています。

　クラスは全部で6クラス。0歳児4名、1歳児6名、2歳児5名、3・4・5歳児は3名ずつ、計9名の職員がおり、そのなかにリーダーがいます。そのリーダーたちが、少し前から「なんだかチームがうまくいっていない気がする」という言葉を口にするようになりました。「保育者それぞれが思いをもって保育を行っているのに、意思疎通がうまくいっていないように感じる」というので、言葉の真意を探ろうと、リーダー一人ひとりと対話をしました。すると、「もっとみんなで保育を語りたい」「経験や知識は関係ない、語りの場をもちたい」「語り合えるチームにしたい」という思いを聞くことができました。また、「自分一人ではよい保育ができない」ということも、それぞれが感じていました。

　「よいクラスにしたい」「よい保育がしたい」という漠然とした思いに対して、リーダーたちは「各クラス内で保護者が話し合うことが大事」だと考え、クラスごとに1日30分間のミーティングの時間を設けたいという声を挙げました。しかし、その時間を確保することは容易ではありません。そこで、時間を確保する方法として考えたのが、保育者のクラスの枠を取り除くことでした。

　まず、各リーダーが自分のクラスの人手が足りない時間帯について、「見える化」を行いました。すると、0・1・2歳児クラスで人手が足りず大変だと感じる時間帯には3・4・5歳児クラスの保育者がヘルプに行けるかもしれないこと、また逆も可能である

ことが明らかになりました。

　こうして次の日から、他のクラスの保育者が各クラスへ入ることで、全クラスで毎日30分間のミーティングをもてるようになりました。顔を見ながら話し合う機会を設けることで、よりよい保育を行う第一歩が進みはじめたように思いました。

　ところが、ミーティングは大切な時間であるという認識が当たり前になったころ、ふと見に行くと、何だか重たい雰囲気が漂っていることを感じました。

　「1か月過ぎたけど、最近どう?」とリーダーたちに声をかけると、口をそろえて、「話し合いはできているのですが……」と言葉を濁します。話す時間ができれば、よりよい保育を考えられる、語り合える仲間になれるとイメージしていましたが、想像していた雰囲気にはならなかったようです。

　そして、「話し方や相手の言葉に耳を傾け、気持ちや本音を聞き出すために必要な知識やスキルを学びたい」という言葉がリーダーたちから出てきました。悩んで動いて、また悩んでということを繰り返した末に、リーダーたちが自分に必要な知識に気づき、それを学びたいと感じた心の動きがとてもよく見えました。

　その後、この本の著者である鈴木健史先生から、ファシリテーションスキルをリーダー中心に学び始めました。職員は日々悩みながらも、よりよい保育とは何かを考え、目の前の子どもたち、そして職員と向き合っています。私自身も職員たちが試行錯誤する姿を見ながら、働きやすい環境について考え続けています。悩みながらもよい表情をしている職員を見ると、その答えは、「いかにその人らしくここにいられるか」ということかではないかと思います。仕事には、悩みやうまくいかないことがつきものです。でも、その気持ちの根底にはよい仕事がしたい、よい環境にしたい、人とよい関係を築きたいという思いがあります。その思いの表現の方法は一人ひとり違っても、リーダーたちの姿から、対話を通して相手を理解しようとすることの大切さを学びました。

かさまの杜保育園

主任　粕谷幸代

2.保育者のキャリア支援

ライフキャリアとワークキャリア

　人生における多様な役割を含めた生き方全体を「ライフキャリア」と呼びます。そして、ライフキャリアの一部である職業上の経歴を「ワークキャリア」と呼びます。キャリアパスとは、各法人や事業所が示すワークキャリアの進路・道筋のことです。保育者は、各キャリアパスの段階に応じてさまざまな悩みを抱きます。たとえば中堅になると、家事や妊娠・育児、介護等、プライベートとの両立の難しさを感じるようになる保育者もいます。

　保育者が安心して仕事を継続していくことができるように、「ワーク・ライフ・バランス」への配慮をすることが重要です。具体的には、職員の有給休暇の取得促進等を進めるとともに、育児・介護休業制度等を取得しやすい勤務環境づくりや、多様で柔軟な働き方を自由に選択できる勤務環境を整備するなど、本人の努力に任せきりにするのではなく、組織的な取り組みが求められます。リーダーも管理者層とともに保育者のキャリアを支援する体制づくりを進めていく必要があります。

■ 各段階における保育者の悩み（ゆらぎ）

段階	状態	悩みの内容
養成校期	保育者としての専門性を学ぶ	自分がこれまで描いてきた保育者のイメージ（保育者は子どもと遊ぶことが中心の楽しい仕事である）と実際の学び（保育職の責任の重さや専門的知識の多さを感じる）のギャップを体験する
新人期	１年目であることから、先が見えないなかで行う保育	①新しい職場に順応できるかどうかという戸惑い ②何が正しいのか理解できないなかでの保育実践 ③養成校等で培った自分なりの保育や保育者と実際の保育とのイメージの異なり ④先輩保育者等からの期待に応えられるかという不安
初任期	もう新人ではないというプレッシャーのなかで行う保育	①自分の保育に共感し、認めてくれる人がいるかどうかという不安 ②何か問題があったときに相談する人や解決してくれる人がいるかという不安
中堅期	人生の岐路：中堅としての仕事増・結婚や出産の時期との重なり	①業務の多忙さ ②プライベートとの両立の難しさ（家事・妊娠・育児・子育て・介護等） ③自分の理想とする保育と社会が求める保育との異なり ④身体的・肉体的・精神的なつらさ ⑤職場の人間関係の戸惑い（中堅としての立場の難しさ） ⑥保育職の社会的地位の低さの認知（重要な役割を担っているという意識とそれに比例しない待遇）

段階	状態	悩みの内容
熟練期	時代の移り変わりを体感する	①自分がこれまで培ってきた保育観と実際の保護者の考え、あるいは社会的に求められる要求との異なり ②新人・新任保育者との保育観や価値観の異なり ③身体的・肉体的な衰えを実感し、十分に子どもとかかわれないつらさ
熟達期	管理的業務が中心となり、子どもとの直接的な関わりが減少する	①実際に子どもにかかわれないという寂しさ ②事務的作業や管理能力等、これまで必須とされなかった職務遂行への戸惑い ③事務的作業や管理能力に対する高度な技術の要求とそれに応じることができるかという不安

出典：副島里美「保育者としてのアイデンティティ」石川昭義・小原敏郎編著『保育者のためのキャリア形成論』建帛社，115頁，2015年

保育者に求められる専門性と組織性

　保育者は、自己評価に基づく課題等をふまえ、必要な知識および技術の修得、維持および向上に努め、その道のスペシャリストになっていくことが求められます。しかし、忘れがちなのが組織性を身につけるということです。組織性とは、組織の活動を円滑に進めるための知識や技術のことです。経験を重ねていくと、人材育成やリーダーシップなど、組織のなかで保育以外の新たな役割を担うことが求められます。この組織性は、リーダーになってから身につければよいということではありません。リーダーという立場になって突然、リーダーシップを発揮することが求められて戸惑う保育者も多いですが、初任者の段階から自分が組織・チームにどのように貢献できるのかを考え行動することを積み重ねることで、組織性を少しずつ身につけていく必要があります。

■ 保育者に求められる専門性と組織性

保育の専門性向上（スペシャリスト）
自己評価に基づく課題等をふまえ、保育に必要な知識および技術の修得、維持および向上に努める

組織性を身につける（リーダーシップ等）
組織の活動を円滑に進めるための知識や技術を身につけていく。経験を重ねていくと、人材育成やリーダーシップなど、組織のなかで保育以外の新たな役割を担うことも求められる

組織・チームからの期待を明確に伝える

　組織性を身につけることで、自分の今後のキャリアについて考えるときも、個人の期待と組

織・チームからの期待の一致や融合を目指そうとする姿勢が生まれます。つまり、自分のこれから「やりたいこと」だけを優先させて今後のキャリアを描くのではなく、組織・チームから求められる「やらなければならないこと」を「できること」にしていこうとします。

　しかし、その前提として、組織・チームからの期待を明確に伝える必要があります。たとえば、保育者がそれぞれのキャリアパスに応じて、組織・チームのなかでどのような役割が求められているかを理解できるように、一覧を作成し明確に示すこともできるでしょう。また、年に2回ほど管理者やリーダーと保育者の個別面談の機会をつくり、組織・チームの期待を伝えることもできます。

　ただし、既存の枠組みに当てはめすぎずにその人らしさが発揮されるように、各層ごとに求められる役割には柔軟性があることも大事です。たとえば、初任者であってもリーダーシップや人材育成が得意であれば、そのようなよさや強みが発揮できる出番をつくるような支援も必要です。

■ 個人の期待と組織・チームからの期待の一致と融合

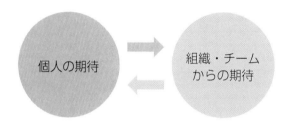

できること、やりたいことを増やしていく

　自分のこれまでとこれからのキャリアを考える際に、「Will Can Must」というフレームワークを使うことができます。Willとは、自分が組織・チームにおいて「やりたいこと」です。つまり、自分がこれから組織・チームのなかでチャレンジしたいことです。Canは自分が「できること」です。Mustは「やらなければならないこと」で、組織・チームから期待されていることです。「Will Can Must」の3つの円の重なりにある職務が多いほど、組織において高いパフォーマンスを発揮できていると考えられます。リーダーは、職員の「しなければならないこと」を「したいこと」にしていく支援と、「したいこと」を「できること」にしていく支援を意識しましょう。

■ Will Can Must

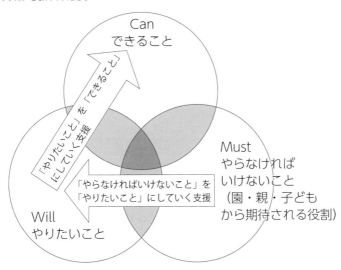

リーダーは伴走者となる

　人の育ちには伴走者が必要です。子どもであれば、保育者や保護者がその役割を担います。大人も同様に育ちに寄り添ってくれる他者を必要としています。リーダーはつい、子どもの最善を重視するあまり、新人・初任保育者に対して自分の基準を押し付け、現状の保育を減点法で評価してしまいます（ギャップアプローチ）。しかし、それでは相手はやる気と自信を失ってしまいます。

　リーダーは、新人・初任保育者から理想の保育やなりたい保育者像などの夢を聴き出し、相手のよさや強み、すでにできていることなどに注目し伸ばしていく加点法でかかわるようにしましょう（ポジティブアプローチ）。その際に、組織・チームからの期待を伝えることも大切ですが、一方的な押し付けにならないように、話し合いながら折り合いをつけましょう。また、今後の目標を共有するだけではなく、相手の話を共感的に傾聴しながら、気持ちの共有を行うことも意識しましょう。

■ ギャップアプローチとポジティブアプローチ

ケース 1 期待する保育をしてくれないと同意なく介入してしまう

経験の浅い保育者が、自分（リーダー）が期待するような保育をしてくれないため、同意なく保育へ介入してしまうことがあります。
任せたい気持ちはあるのですが、どのように成長を支援したらよいかわからなくて困っています。

　まず、経験の浅い保育者と、経験を積んだ保育者であるリーダーでは、見えている景色が違うという前提をもちましょう。リーダーは、「もっと子どもにこんなふうにかかわってあげたらいいのに」とか、「こんなふうに環境をつくれば、もっと遊びが発展するのに」ということに気づくことができます。

　しかし、経験の浅い保育者は、目の前の子どもに接することで精一杯で、自分の保育を俯瞰してみることが難しく、また保育の視点も身についていないので、同じ状況に身をおいていても、気づくことができない場合もあるでしょう。

　ただし、経験が浅い保育者だから気づけることもあります。たとえば、保育現場における「当たり前」に対して違和感を覚え疑問をもつことなどです。「当たり前」を見直すことで、子どもにとってよりよい保育への改善につながるかもしれません。リーダーは、保育者の育ちに寄り添う伴走者として、相手がその時に必要としている支援とは何かを常に考えるようにしましょう。

解決策

1 「これから」の前に「これまで」を共有する

「これ まで」を共有する → 「これから」について一緒に考える → 園やリーダーからの期待を伝える → 成長の機会の確保と組織的な支援

　保育者の育ちを促したい場合、「これから」の変化や成長に意識が向きがちですが、まずは「これまで」を共有することから始めましょう。たとえば、保育者との面談において「新しい年度が始まってから今までで感じた手応え」や「どのような挑戦をしてみたか、それによりどのような変化があったか」など、これまでの小さな成長を共有することからはじめましょう。

2 目標と気持ちを共有する

　「これまで」について十分に振り返りができたら、「これから」について一緒に考えていきます。相手に「これから取り組みたいことは？」「子どもたちにどんなふうに育ってほしいと考えている？」などと質問して、相手の目標や思いを引き出し共有します。

　まずはじっくりと相手の思いを傾聴し、信頼関係を築いていきましょう。こちらの思いを伝える前に、相手の思いをじっくり聴くという姿勢は、リーダーシップの基本といっても過言ではありません。

3 園やリーダーからの期待を伝える

　これからの目標の共有については、園やリーダーからの期待も伝え、相手の目標との折り合いを目指します。その際には、過剰な期待にならないように注意しましょう。相手にとって達成可能だと感じられるような目標設定を心がけましょう。そして、相手の成長のために、どのような成長の機会（チャンス）を確保し、支援していくかを伝えましょう。

　本人の努力に任せて放任するのではなく、園やリーダーが、保育者の成長を継続的に支援していくという姿勢を見せることが重要です。

ケース 2 積極的に保育の質向上に取り組もうとする意欲が感じられない

リーダーの悩み

職員に自ら積極的に保育の質向上や、専門性の向上に取り組もうという意欲が感じられません。リーダーの立場からは、園の保育に課題を感じていますが、他の職員は現状に満足しているように感じます。

実践アドバイス

　リーダーが現在の保育に課題を感じ、園全体の保育の質向上に取り組もうとしても、職員はその必要性を感じていないかもしれません。モチベーションに差があると、リーダーが熱くなればなるほど、職員はついていけず受け身になり、保育の質向上が自分事ではなくなってしまいます。そのため、まずは職員が「このままではいけない、変えていかなければ」と感じるために何ができるかを考えましょう。

　また、保育の質向上には、保育者の専門性向上が求められます。しかし、個人の努力に任せるだけでは、専門性向上に取り組む意欲や姿勢に個人差が生じてしまいます。そのため、組織・チームで保育の質向上に取り組む機会を設け、組織・チーム全体としての成長・変化により、個人の成長・変化を促していきましょう。個人は組織・チームの風土になじもうとするものです。つまり、組織・チームに学び成長しようとする風土をつくることで、個人も学び成長していこうとする姿勢が生まれます。

解決策

1 テーマごとの研究会を つくる

保育環境研究会

子育て支援研究会

子ども理解研究会

子ども中心の 生活研究会

テーマごとの研究会をつくる

　多様な保育環境のあり方について研究する「保育環境研究会」や、よりよい子育て支援のあり方について検討する「子育て支援研究会」などの研究会をつくり、チームで保育を研究する機会を設けましょう。

　リーダーは園の課題についてよく理解していると思いますが、取り組ませたいテーマを一方的に決めるのではなく、職員間で話し合い追求したいテーマを決定します。また、職員自ら興味関心のある研究会を選択してもらいましょう。自己決定や自己選択を尊重することが意欲の向上につながります。

2 オーダーメイドで成長の 機会を保障する

　面接などで、職員のこれからの目標について確認したら、どのように専門性向上に取り組むことができるのかを一緒に考えましょう。

　園内・園外研修、OJTなどを組み合わせて、できるだけ職員一人ひとりに応じたオーダーメイドの成長の機会を確保するようにします。リーダーや組織が職員の専門性向上をサポートする姿勢を見せることが大切です。

3 リーダーが効果的な 問いかけをする

　クラス会議など、保育を振り返る機会はあっても、「よかった」「悪かった」などという漠然とした振り返りにならないようにしましょう。たとえば、「子どもの姿からみてとれる育ちは？」「目指したい子どもの育ちは？」「今後の保育についての構想は？」など、リーダーが適宜必要に応じて多面的な視点で問いかけることで、保育の質向上につながる効果的な振り返りの機会となります。

ケース3 リーダーとしてチームを正しくサポートする自信がない

リーダーの悩み

リーダーとして自信がなく、役割を担えていません。ほかの保育者のサポートやOJTによる人材育成の役割を担えるようになりたいのですが、どのようにリーダーシップを身につけることができるのかわかりません。

実践アドバイス

　リーダーに限らず、組織・チームのなかで自分がどのような役割が求められているかが理解できないと、その役割を担うことはできません。そのため、まずは組織・チームのなかでリーダーに求められる役割を理解しましょう。リーダーとして求められる主な役割としては、自分の所属するチームにはたらきかけ、保育の方向性や目標をメンバーと共有し、その目標達成（タスク）の支援をするということと、メンバー間の人間関係づくり（メインテナンス）を促進するということになると思います。

　そして、リーダーとしてそれらの役割を担えるようになるには、トライ・アンド・エラーをくり返し、経験から学ぶことが必要です。また、自分のチームに対するアプローチが、メンバーや保育にどのような変化や成果を生み出したのかを振り返り、少しずつリーダーシップを身につけられるような機会を設けることで、少しずつリーダーとしての役割の理解が進み、リーダーとしての自信も身につけることができるでしょう。

解決策

1 トライ・アンド・エラーを繰り返す

　リーダーという立場になり、チームメンバーのサポートを始めると、自分の所属するチームの保育の質やメンバーの働きやすさに対して責任を強く感じるかもしれません。真面目な人ほど最初からすべてうまくやろうとする傾向があります。

　でも、リーダーも完璧ではありません。メンバーに助けてもらいながら、トライ・アンド・エラーを繰り返し、自分らしいリーダーシップのあり方を見つけられるような機会を設けましょう。

2 保育の方向性や目標をメンバーと共有する

　リーダーはメンバーに正解を教える人ではありません。メンバーと対話をしながら保育の方向性や目標を見出し、共有しましょう。リーダーには、リーダーと保育者の役割の両方が求められます。リーダーも一人の保育者として自分の意見を伝えましょう。

　ただし、そのときには、上から目線にならないように、同僚として「私は〜と考えている」というような私を主語にした「アイ（I）・メッセージ」（43頁参照）で伝えましょう。

3 チームがPDCAサイクルを回す支援を行う

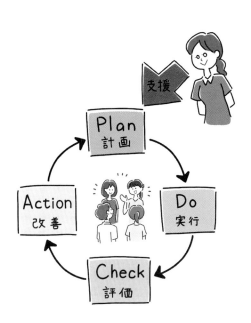

　ミドルリーダーが少しずつリーダーシップを身につけていくように、チームのメンバーも少しずつ経験を通して、チームとして機能するようになっていきます。

　チームが機能するためには、保育を実践だけで終わらせるのではなく、振り返りを行い、保育の質を向上させていく、という循環を自分たちで回せるようになることを目指します。そのために、リーダーはチームがPDCAサイクル*を回すための支援に意識的に取り組みましょう。

＊Plan（計画）、Do（実行）、Check（評価）、Action（改善）の頭文字を取ったもので、物事を改善をしていくための方法

3.カウンセリング・マインド

職員の理解が支援の始まり

　保育者が子どもにかかわるときには、カウンセリング・マインドをもつことが重要視されています。カウンセリング・マインドとは、カウンセリングの考え方や態度、技術などを用いて人にかかわることです。そして、リーダーが職員にかかわるときにも、カウンセリング・マインドが求められます。

　カウンセリング・マインドの基本は傾聴と受容、そして共感的な理解です。保育の起点は子ども理解です。子どもの興味・関心など心の動きや育ちを理解したうえで、保育者はどのように支援をするかを判断します。職員への支援も同様に、職員の理解から始めましょう。

　リーダーは、新人・初任保育者に対して、「どうしてもっと○○できないのかしら？　子どもたちがかわいそう」「なぜ期限を守って提出できないのかしら？」と感じることが多いと思います。しかし、リーダーは、経験の浅い保育者の保育を厳しく指摘したり責めるのではなく、相手が自ら気づくことに寄り添い、保育者として成長できるように支援しましょう。「なぜできないの？」「どうして○○しないの？」という、相手を責めるような言葉が自分の中から出てきたら、職員の理解が不足している証拠だと気づきましょう。そして、まずはどうしたら職員をよりよく理解できるのかを考えましょう。

■ 支援は対象の理解から

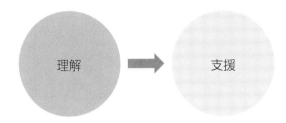

新人・初任とは見えている景色が違う

　保育経験を重ねると、子どもの感じていることに敏感になったり、いわゆる保育の引き出しが増えてきます。すると、子どもの気持ちに寄り添い、豊かな環境をつくることができるようになります。それはとても素敵なことですが、ベテラン保育者は「子どものために」という気持ちが

強ければ強いほど、新人・初任保育者の保育に対して批判的になってしまうことがあります。

　特に気をつけたいのは、現場の保育を客観的に見る機会の多い、管理者層やリーダー層です。客観的に距離を置いて観察することで、忙しい保育の真っただ中にいる保育者よりも気づくこと・気になることが多くなります。新人・初任保育者は経験が浅いため、子どものわずかな変化に気づくことができなかったり、引き出しが少ないので環境づくりや子どもへのかかわりなども、できることが限られます。そのような落とし穴にはまりそうになったら、「ベテランと新人では見えている景色が違う」というところから出発しましょう。

　保育は子ども理解が起点となりますが、どうしたら新人・初任保育者と多様な見方を共有できるのかを考えましょう。たとえば、「そうね。でも〇〇のような見方もできるね」とか「〇〇のようなかかわりもできるかもね」ということを提示したり、ベテランがモデルとなり自分の保育を見せることもできると思います。ただ、新人保育者だからこそ見えている景色もあります。それは、今の保育が「当たり前」になっているベテラン保育者には見えない景色かもしれません。そのような、違いを認め合う相互尊重の風土をつくるために、まずはリーダーが違いを尊重する、違いを面白がる姿勢を見せましょう。

■ 多様な見え方があることへの気づき

新人・初任保育者　　　　　　　　　　　　　　リーダー

新人・初任保育者は、どのように見えているかな？　理解を促すためにはどのような支援ができるだろうか？

同じ場面を見ていても、理解が異なる

信頼はいつもリーダーから

　「信頼」とは「返ってくるあてのないラブレター」です。子どもと保育者が信頼関係を築くときには、まず保育者が子どもの力を信頼します。条件付きで相手を信じる「信用」ではなく、まずはリーダーが職員のよくなろうとする力を無条件に信じることからはじめましょう。信頼関係は支援の基本でもあります。信頼関係ができていれば、相手の言うことにも耳を傾けようとする姿勢が生まれます。逆に、どんなに的確な助言でも信頼関係のない人の話は受け入れようとしません。リーダーは「人は常にその人なりに精一杯やっている」という前提をもって職員にかかわるようにしましょう。人は自己実現を目指して絶えず成長、変化し続ける存在です。そのための

条件を整えるのがリーダーの役割です。相手を信じることができるかどうかは、相手の課題ではなく自分の課題であるということを認識しましょう。

共感とは理解しようとするプロセスそのもの

　共感とは、相手の心の世界をあたかも自分自身のことであるかのように感じとることです。ただし、これは簡単ではありません。なぜなら、人の心は瞬間瞬間に移り変わるものだからです。「理解できた」という結果に固執するのではなく、理解しようとともに歩む過程（プロセス）を大切にしましょう。なお、感情は排除するよりも、受け止めて、ともに味わうことを大切にしましょう。早く立ち直らせようとしすぎることは、相手が自分の力で危機を乗り越え、強いパーソナリティを育てる妨げとなるといわれています。まずは「今、ここ」の自分のありのままを受け入れることができて初めて、人は次の一歩を踏み出せるのです。

　また、「問題を解決する」ことにも執着しないようにします。問題の解決も大切ですが、相手が「寄り添ってもらえた」「関心をもってもらえた」「認めてもらえた」と感じることのほうが大事です。信頼されているという実感があれば、相手は安心して自分の問題の解決にじっくり取り組むことができます。また、「この人になら、自分でも整理できない感情や問題を話してみてもいいかもしれない」という気持ちになり、何でも相談してくれるようになります。

■ 共感のプロセス

```
┌─────────────────────────────────┐
│  共通の過程（プロセス）を大切にする  │
└─────────────────────────────────┘
```

```
┌─────────────────────────────────┐
│ 相手が「寄り添ってもらえた」「関心をも│
│ ってもらえた」「認めてもらえた」と感じ、│
│ 信頼関係ができる                  │
└─────────────────────────────────┘
```

相手が受け取りやすい伝え方をする

　カウンセリング・マインドの基本は、傾聴と受容、そして共感的な理解ですが、適度に自分の考えや感じていることを言葉にして相手にオープンに伝えることも大切です。たとえば、職員が勇気を振り絞って、リーダーに自分の保育への思いや考えを語ったとします。そのとき、リーダーが話を黙ってうなずきながら聞いているだけだと、職員は自分の話がどのように理解されたのか、あるいは評価されたのかがわからず、段々と不安になってきてしまいます。そして最後に

は率直に話したことを後悔するかもしれません。

　そこで、話を聴くときには、リーダーは適度に自分の考えや感じていることを言葉にしましょう。たとえば、「私はあなたの話を聴いて○○と感じたよ」などと、言葉にして伝えます。すると、職員はリーダーの心の内で起こっていることを理解でき、安心して話を続けることができます。また、リーダーがどのような考え方や感じ方をする人なのか、つまりリーダーの個性やパーソナリティ（その人らしさ）も理解することができます。

Iメッセージと Youメッセージ

　リーダーが自分の思いや考えを伝えるときには、相手が受け取りやすいように伝え方に配慮しましょう。

　アイ（I）・メッセージとは、英語の私（I）を主語にしたメッセージです。たとえば、「私は○○と感じています」「私は○○と考えています」「私はあなたに○○してほしいと思っています」などです。アイ・メッセージは、相手が受け取りやすいメッセージです。なぜなら、私の中で起こっていることは紛れもない「事実」だからです。

　対して、相手から怒りを引き出してしまうメッセージがあります。それは、ユー（You）・メッセージです。ユー・メッセージは英語のあなた（You）を主語にしたメッセージです。たとえば、「どうして、あなたは〜」「あなたのせいで〜」「あなたは○○な人ですね」などです。これは、相手に対する私の「評価」を押し付けていることになります。そのため、相手から怒りを引き出してしまいます。

　また、「一般的には……」「普通は……」という言い方や、「これまでうちの園ではこうやってきたから……」という言い方は、権威を背負った発言（虎の威を借る狐）として聞こえます。そのため、相手は反論することができません。たとえこちらのほうが正論であったとしても、相手には異を唱える余地を与えましょう。リーダーであっても、アイ・メッセージを用いて、一人の保育者としての意見として伝えることを意識しましょう。相手との相互理解の促進や、関係性向上につながるような伝え方を選択するように心がけしましょう。

■Iメッセージと Youメッセージ

Iメッセージ
・「私は○○と感じています」 ・「私は○○と考えています」 ・「私はあなたに○○してほしいと思っています」

Youメッセージ
・「どうして、あなたは〜」 ・「あなたのせいで〜」 ・「あなたは○○な人ですね」

ケース
1 職員が自分の話をしてくれない

リーダーの悩み

ベテラン職員やリーダー層だけではなく、新人職員も含めて何でも話せる関係性を目指しているのですが、なかなか新人職員は心の内をオープンに話してくれないので、困っています。
せっかく話を聴く時間を設けても、自分の話をほとんどしてくれません。

実践アドバイス

　リーダーがいろいろと質問をしても、職員の反応が弱くあまり自分の話を話したがらないように見える場合があります。そのようなとき、リーダーが自分の失敗談を話すことは、職員に安心感を与えます。このように、自分だけが知っている心の内をオープンに伝えることを自己開示といいます。自己開示には「返報性」があります。自分が積極的に自己開示すると、相手も自己開示しようという気持ちになる特性です。しかし、自己開示が苦手な職員もいます。特に弱音を吐くことや、自分の弱みを見せることは、仕事上あってはならないと考え抵抗を感じる職員は多いでしょう。互いに自己開示ができるようになるためには、信頼関係を築くことが基本となります。また、相手が自ら自己開示するタイミングを待つことも大事です。無理やり話させようとせず、こちらが自己開示し相手が自分から話すのを待つ姿勢でいましょう。

解決策

1 「聴いているよ」を表現する

相手の話を明確化する
「なるほど。○○ということですね」

「聴いているよ」
を表現する
うなずく、相槌
を打つ、目線を
合わせる

気持ちを共有する
「○○と感じて
いるのですね」

　自分の話を相手がどう受け止めたのか（評価したのか、理解したのか）がわからないと、話すほうは徐々に不安になってきます。相手の話を聴くときには、うなずく、相槌を打つ、目線を合わせるなど、「聴いているよ」を表現しましょう。

　そのような姿勢を見せることは、相手への貢献となり、「支えてくれている」「ありのままを受け入れてくれている」と相手は感じることができます。

2 相手の話を明確化する

　基本的には相手に話をさせ、じっくり聴くことが求められますが、適時、相手が話したこと、あるいは話したかったことを、「なるほど。○○ということですね」「○○ということじゃないですか？」などと自分の言葉で繰り返してみましょう。相手は「自分の話をちゃんと理解してくれている」と感じ、安心して話を続けることができます。

3 気持ちを共有する

　悩みを聴くときには、相手が直面している課題の解決にばかり気をとられてしまいます。しかし、課題を共有するだけではなく、相手が感じている喜びの感情やプレッシャーなど、気持ちを共有することも大切にしましょう。「〜と感じているのですね」と、相手のなかに起こっているであろう感情をとらえ、言語化し、その場で共有する時間をもつようにします。

ケース 2 後輩に任せたいのに介入したり口を出してしまう

リーダーの悩み

保育場面で後輩を信じて任せたいと思っていますが、子どもへのかかわり方や保育を見ていると不十分なところが気になってしまいます。そして、不安になり、つい介入したり、口を出してしまうことがあります。

実践アドバイス

　ときにはリーダーがモデルとなることで、後輩の保育者は学びや気づきを得て、子どもへのかかわりの幅を広げることができるでしょう。しかし、リーダーが過剰に保育に介入したり、口を出してしまうことは、後輩保育者の自信の喪失という結果を招くおそれがあります。そのようなとき、ひょっとするとリーダーは、自分の「不安」を解消したくて動いているのかもしれません。リーダーは、自分の心の内に起こっている感情や、相手に対してどのような期待を抱いているのか等を自覚していることが求められます。

　リーダーは相手のよりよくなろうとする力を信じ、相手にとっての最良なアプローチを考え行動しましょう。また、リーダーが率先して学ぼう、変わろうという姿勢をもち、行動し続ける姿を見せることで、組織・チームに成長し変化しようとする推進力が生まれます。

解決策

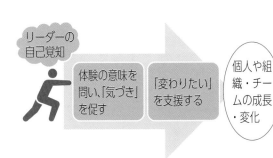

リーダーの自己覚知

体験の意味を問い、「気づき」を促す → 「変わりたい」を支援する → 個人や組織・チーム の成長・変化

1 体験の意味を問う

　私たちは他人を「変える」ことはできません。できるのは、相手が自ら「気づく」ことに寄り添い、「変わりたい」という気持ちを支援することです。日々の保育を体験で終わらせるのではなく、経験として積み重ねができるように、「あのときのあなたのかかわりは子どもにとってどのような意味があったのか」など、体験したことの意味を問いかけ、「気づく」ことを促しましょう。

2 「変わりたい」を支援する

　子どもと同じで、保育者も失敗から多くを学びます。先回り・先取り・先走りせず、後輩保育者が試行錯誤を通して、自ら保育の視点を獲得し、保育者として育つ経験を保障しましょう。もちろん、子どものけがや心の傷につながることが予想される場合は危機介入が必要です。ただしその後、なぜ介入を行ったのか説明をし、後輩保育者が今後保育場面において、危険を予測したり子どもの気持ちに寄り添うことができるようになるためのフォローアップをすることを忘れないでください。

3 リーダーの自己覚知

　リーダーは自己の内にある感情や、相手に対する期待などに気づく、自己覚知ができることが重要です。また、「相手にどのような変化をもたらすのか」という結果を予測し、自分の他者に対するより効果的なアプローチを選択できることも求められます。もし自己覚知が苦手な場合は、同僚や上司に自分のリーダーシップのあり方についてフィードバックをもらうようにしましょう。

ケース 3 経験の浅い保育者に つい厳しく接してしまう

リーダーの悩み

経験の浅い保育者に対して、子どもの前で批判するなど、つい厳しく接してしまい、後から後悔することがあります。手をかけて育てているつもりなのに、保育者としての成長が感じられず、もどかしいです。

実践アドバイス

　「怒り」は二次的な感情だといわれます。つまり、「怒り」の裏に本心があるということです。経験の浅い保育者に指示や助言をしても、こちらが期待するような変化がないと、「これだけ手をかけてあげているのに！」と、成長・変化しない相手に対して怒りを感じるかもしれません。

　しかし、自分のなかに起こっている「怒り」を表現しても、相手との関係は改善しません。むしろ、「怒り」の感情が伝染して相手からも「怒り」を引き出してしまい、関係が悪化します。そのようなときには、その「怒り」の裏にある本当に伝えたい気持ちを言葉にしてみましょう。自己の本当の思いに気づくことで、状況のとらえ方が変わり、対処の仕方も変わるでしょう。また、相手から「怒り」を感じたときにも、その裏にある本当に伝えたい気持ちは何なのかを理解しようとすることで、相手との関係も変わってくるでしょう。自分の気持ちの解消ではなく、相手との関係性向上につながるかどうかを吟味しながら、伝え方を選択するようにしましょう。

解決策

1 まずは傾聴から

　共感できるようになるまで、話を聴きましょう。共感できないのは、まだ相手を十分に理解できていないサインです。相手に対してレッテル貼りや決めつけをせず、相手を理解しようとする努力を継続しましょう。相手に共感できると、相手を思い通りに動かそうとする「指導」や「説得」をしようとする気持ちはなくなり、相手をどうサポートできるかを考え始めることができるでしょう。

2 相手が変わるタイミングを待つ

　リーダーとして職員育成に責任を強く感じていると、「自分」のかかわりにより「今すぐ」に相手が変化することを求めてしまいます。しかし、人にはそれぞれ変わるきっかけとタイミングがあります。相手が「いつか」あるいは「じっくり」変わっていくことを待つ、見守る忍耐力がリーダーには求められます。自分の思い通りに相手を変えようとする気持ちを手放しましょう。

私のサポートがあまりうまくいっていないようで…

3 アイ・メッセージにしてみる

　自分の感じていることをアイ・メッセージにしてみましょう。たとえば、「私のサポートがあまりうまくいっていないようでリーダーとしての自信が揺らいでいる」や、「私の話を真剣に受け止めてくれていない感じがして寂しい」「私はもっと保育に真剣に取り組んでほしいと感じている」など、アイ・メッセージに変換することでリーダー自身が自分の思いや相手に対する期待を自覚することができます。

4.コーチング

相手の状況や課題の難しさに応じてかかわり方を変える

　リーダーのあり方やアプローチは、個人や組織・チームに対して何らかの影響を与え変化を起こします。自立した個人や組織・チームを目指すのであれば、相手の状況や相手の直面している課題の難しさに応じてアプローチを段階的に変えていきましょう。

　たとえば、個人や組織・チームが「まったく自己解決できない」あるいは「少しは自己解決できる」場合は、指示や助言をするなど、ティーチング（教授的なアプローチ）を行います。そして、「おおよそ自己解決できる」課題に対しては、自己解決を支持するコーチング（支持的・援助的アプローチ）を行います。それらのリーダーからのアプローチにより、「完全に自己解決できる」ようになったら、最終的には、非関与、つまり任せて見守るということをします。

■ティーチングとコーチングの使い分けによる自立支援[*]

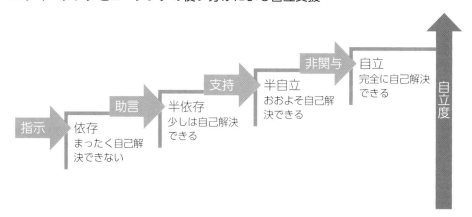

　このように、リーダーは自己を客観的にとらえ、個人や組織・チームを変えていくために効果的なあり方やアプローチを選択する必要があります。コーチングは、「魚を与える代わりに釣り方を教える」ことを目指したアプローチです。山本五十六の次の言葉は、段階的にリーダーがかかわりを変えることで人を育てていく極意をうまく表現しています。「やってみせ、言って聞かせてさせてみて、ほめてやらねば人は動かじ」はティーチング、「話し合い、耳を傾け、承認し、任せてやらねば、人は育たず」はコーチング、そして、「やっている、姿を感謝で見守って、信

参考：諏訪茂樹『改訂新版 コミュニケーション・トレーニング—人と組織を育てる』経団連出版，45頁，2012年をもとに著者作図

頼せねば、人は実らず」これは、リーダーの非関与を表しています。リーダーは相手を外側から力を加えて変えようとするのではなく、相手が自ら気づくことに寄り添い、内側からわき起こる「変わりたい」という気持ちを支援するというあり方が求められます。

答えは相手のなかにある

　カウンセリングやコーチングでは、「答えは相手のなかにある」と考えます。たとえば、コーチングの代表的なステップは「GROWモデル」と呼ばれ、すべて質問で成り立っています。

　まずは、「困っていることは何ですか？」と質問をして、問題の明確化をします（Goal）。それから、「どうしてそうなったと思いますか？　ほかに何か原因はないですか？」と質問をして背景の考察をします（Reality）。次に、「どうすればよいと思いますか？　ほかによい方法はないですか？」と質問をし、解決策の考察（Option）を行います。そして最後に、「結局どうしますか？」と質問をして、複数の解決策から実行に移すものを意思決定してもらいます（Will）。

　このようにコーチングは、問題を共有し一緒に考え答えを出すというプロセスを共有することで、相手の自立を目指したアプローチです。そのような問題解決のプロセスを数多く経験することは、保育者の成長にとって重要な要素です。もちろん、複雑な問題や個人での解決が難しい場合は、個人任せにせずチームや組織で対処することも考慮することが大切です。

■ コーチングのGROWモデル

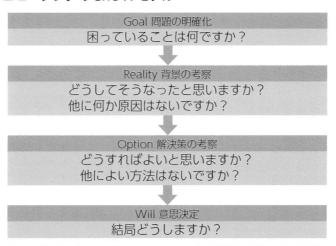

出典：諏訪茂樹『対人援助のためのコーチング—利用者の自己決定とやる気をサポート』中央法規出版，25頁，2007年

問いを共有する

　GROWモデルもすべて質問で成り立っていますが、コーチングでは効果的な問いかけを活用します。どのような的確なアドバイスであっても、押し付けてしまっては相手は問題解決に主体

的に取り組むことはできません。相手から解決策を引き出せた瞬間は、相手が変わろうとしている瞬間です。リーダーは問いかけながら、相手から答えを引き出していきましょう。ときにはリーダーからすると未熟な解決策が出てくることがありますが、否定したり批判したりするのではなく、「なるほど、そういう考え方もあるね」と尊重する姿勢が大切です。

　ちなみに、リーダーとして組織・チームを変えていくときは、まずできるだけ多くの職員にヒアリングを行い実態を調査しましょう。ヒアリングでは、相手が話したいことをできるだけ傾聴します。なぜなら、ヒアリングの目的はリーダーと職員との信頼関係づくりでもあるからです。結局、組織を変えていく主体は、職員一人ひとりなので、問題について「ともに考える」関係性を築いていくことが大切です。組織・チームの問題解決においては、これまで当たり前のようにやっていたことを見直し変えていくことになります。つまり、職員は必ず巻き込まれることになります。これからの変化の過程に関して、コミットメント（参加意欲、責任感）を引き出していきましょう。自分たちはどのような問題を解決しようとしているのかを、リーダーだけではなく職員も理解していること、また力を合わせて効果的にその問題を解決できるように、信頼関係ができていることが重要です。

　加えて、問いかけはできるだけ前向きなものにしましょう。リーダーから「誰のせい？」「どうしてこんな大変なことが起こったの？」と後ろ向きな問いかけをされるのと、「この経験から何を学べる？」「よりよくするにはどうする？」といった前向きな問いかけをされるのとでは、その後の関係性や問題解決に取り組む姿勢が変わってきます。大変なことが起こっている状況は変わらないけれども、リーダーの問いかけひとつで、職員は問題解決は学びの機会や気づきの機会ととらえることができます。そして、問題解決という目的を共有し組織・チームとして動くことで一体感が生まれます。

何よりも大切なフォローアップ

　先ほどのGROWモデルに欠けていることが1つあります。それは、フォローアップを行うということです。

■ フォローアップで変化を促す

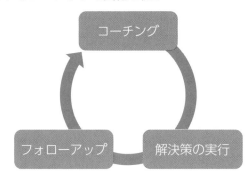

　相手が取り組む解決策について意思決定（Will）をしたら、「では、やってみた結果や経過を聞かせてくださいね」と最後に伝えましょう。自分の頑張りを見守ってくれる人がいる、話を聞いてくれる人がいる、そのことで人は勇気づけられチャレンジすることができます。

　また、結果や経過を報告する機会があることで、積極的に解決策に取り組もうとする姿勢が生まれます。ただし、あくまでも取り組むかどうかは相手に任せましょう。リーダーが強制的に取り組ませてしまうと、その取り組みの結果を引き受けることができなくなります。「過去と他人は変えられない」という言葉がありますが、相手の変わるタイミングをコントロールすることはできません。くり返しになりますが、リーダーができるのは相手を「変える」のではなく、相手が自ら「気づく」ことに寄り添い、「変わりたい」を支援する（変わる機会を与える、環境を整える）ことです。

1 人間関係の悩みにどのように 対処したらよいかわからない

リーダーの 悩み

職員の対保護者や職員同士の人間関係についての悩みに、リーダーとしてどのように対処したらよいかわかりません。間に入って関係を改善しようと試みたのですが、余計に関係がこじれてしまいました。

実践 アドバイス

　人間関係の悩みは、誰しもが抱える課題です。リーダー自身も人間関係がうまくいかないと感じていることもあるでしょう。人間関係に関する相談を受けた場合、相手が自分で人間関係を改善していけるための支援をしましょう。「相手は自分のことをよく思っていないかもしれない」といった妄想や邪推から、関係は悪化します。つまり、第三者が間に入ることで、関係が余計にこじれてしまうのです。そのため、リーダーが相手の問題を肩代わりしないことが大切です。

　相手の話をじっくり聴きながら、「あなたはどのような関係性になることを望んでいるのか？　そのような関係性になるために何ができるか？」などと問いかけながら、一緒に考えていきましょう。こちらが一方的にアドバイスをしたり、本人の代わりに解決しても、また同じような相談をもちかけられます。人間関係の問題について、自己解決できるように本人の自立を目指して支援していきましょう。

解決策

①問題が起こった経緯や背景を探る

②本心を聞き出し目標を共有する

③具体的な解決策を考える

解決策に取り組んだ結果を聞く機会を設定する

1 問題が起こった経緯や背景を探る

　なぜそのような問題が起こったのか、その経緯や背景について聴きましょう。関係性は「私」と「あなた」の二人でつくるものです。そのため、「私」が変われば関係性は変わります。つまり、相談してきた保育者が、今までの自分のコミュニケーションのあり方（傾向や癖など）に気づき、今後は別の方法を試せるように支援することで、関係性は変化していきます。

2 本心を聞き出し目標を共有する

　「本当は相手とどのような関係でありたいのか」「相手に本当に伝えたいことは何か？」「相手にどうしてほしいのか」などと質問をして、本心を聞き出すようにしましょう。本心とは、言い換えると今後の関係性について、具体的な目標を設定するということになります。

　また、「もし相手との関係性がよくなったらどんなよいことがある？」と前向きな質問をすることで、目標達成へのモチベーションアップを図ることもできます。

3 具体的な解決策を考える

　目標設定ができたら、次は解決策を考えます。「どのような解決策がある？」「ほかに何かよい方法はないかな？」と質問をして、具体的な複数の解決策を一緒に考えましょう。そして、最初の一歩として取り組んでみたい解決策を選んでもらいます。最後に、解決策に取り組んだ結果を聞く機会（フォローアップの機会）を設定しましょう。

ケース 2 アドバイスや経験談を伝えても 相手が変わろうとしない

リーダーの悩み

職員の抱える課題に対して、自分の経験談やアドバイスを伝えてもなかなか変わろうとしません。期待を込めて一生懸命伝えているのですが、やる気がないのか、それとも話が理解できないのか、変化しない職員にもどかしさを感じます。

私なら…

そうですね。やってみます

実践アドバイス

　リーダーがアドバイスや経験談を伝えることは、経験の浅い保育者にとって、保育者としてできることの幅を広げることになります。一方、リーダーとの信頼関係が築けていない場合は、どれだけ適切なアドバイスをしても、相手は受け取ろうとしないでしょう。おそらく、表面上は「そうですね。やってみます」という反応が返ってきても、納得感がないため実践してみようと思わないのです。また、そのやり方を唯一無二の正解だと受け取ってしまうと、最適な保育の方法について自分で考えて答えを出すという姿勢が失われる可能性もあります。そのため、「目標を共有し一緒に考え答えを出す」というプロセスを相手とともにじっくりていねいに共有しましょう。

　また、高い目標や理想をもつことはよいことですが、一方で小さな変化を見逃しやすくなります。相手の小さなチャレンジや小さな変化をとらえ、共有することができれば、それが成功体験となり、次の新たな一歩に取り組もうというモチベーションにつながります。

4

コーチング

解決策

③選択肢の結果を予想し決断を促す
「Aをした場合にどうなりますか？
Bをした場合にどうなりますか？」
選択をした結果を予想し比較する

②スケーリング・クエスチョンを使う
「自分の満足いく保育が100点だとすると、今は1〜100点のうち何点ですか？」

①スモールステップで目標を設定する
「今できていること」や「これまで取り組んできたこと」

1 スモールステップで目標を設定する

　相手自身も自分の成長や変化に気づくことができないと、自信を失ってしまうことがあります。そのため、スモールステップの目標設定を心がけましょう。いきなり100点満点を目指し、減点法で評価をするのではなく、「今できていること」や「これまで取り組んできたこと」にも光を当て、加点法で自己評価できるように支援しましょう。

2 スケーリング・クエスチョンを使う

　具体的なスモールステップの目標設定が難しい場合は、スケーリング・クエスチョン（達成度を数値化させる手法）を使いましょう。たとえば、「自分の満足いく保育が100点だとすると、今は1〜100点のうち何点ですか？」と問いかけます。そして、相手が20点と答えたら、「現在の20点という数値を、30点か40点にするには、どのようなことができますか？」と問いかけ、具体的ですぐに実践しやすい行動目標を相手から引き出しましょう。

3 選択肢の結果を予想し決断を促す

　相手が複数の選択肢のいずれをとるかで迷っている場合は、「Aをした場合にどうなりますか？Bをした場合にどうなりますか？」と、選択をした結果を予想してもらいましょう。そうすることで、相手は選択することによって伴う結果を比較することができ、決断することが容易になります。

　そして、実際に行動した結果を聴く機会を設け、次の目標の設定（次のステップ）へとつなげていきましょう。

ケース 3 チームが成長するために どのように支援したらよいかわからない

リーダーの悩み

チームが成長するために、リーダーに求められている役割がわかりません。お互いにサポートし合い、互いのよさや強みが発揮される関係性を築いてほしいのですが、どのような支援を行えばよいかわからず困っています。

実践アドバイス

　まずはチームの現状を理解しましょう。保育は子ども理解が起点となります。同様にチームの支援をするには、チームの状況について理解できていないと、どのように支援したらよいかわかりません。チームのメンバー一人ひとりの強みや弱み、チームが今取り組むべき課題は何かということを見極めましょう。気をつけないといけないのは、チームは生き物なので状況は常に変化するということです。そのため、リーダーのチーム理解は常にアップデートすることが求められます。

　チームの状況を理解できたら、どのような支援を行えばよいのかを考えます。そのときのポイントは、チームの成長のための最適な支援についてじっくりと検討するということです。ひょっとすると、リーダーが直接介入するよりも、メンバー同士でサポートし合ったり、チームで課題を共有し解決策について全員で話し合うことでチームの結束力が強まるかもしれません。どのような支援を行うことで、チームにどのような変化が生まれるのかを予想しながら最適な支援について検討しましょう。

解決策

組織・チームの成長

・強みに気づかせる
・お互いにサポートし合う
　関係性を築く
・ともに考える姿勢

1 強みに気づかせる

　リーダーは、チームのメンバー一人ひとりが自分自身の強みに気づけるように支援しましょう。たとえば、「あなたは子どもに対して、共感的にかかわっているね」「あのときのあなたの会議での聴く姿勢は素敵だったよ」など、本人も自覚していない強みを伝えましょう。

　伝えるときには、できるだけ具体的な相手の言動について取り上げ、何がよかったのか理由を明らかにするとよいでしょう。

2 お互いにサポートし合う関係性を築く

　チームのメンバーのよさを引き出す、強みが発揮できる環境を整えましょう。そのためには、安心して弱さを見せ合う関係性を築くことを目指します。弱さを見せ合うことで、少しずつお互いのよさや強みを発揮し補い合うことができるようになります。

　とはいえ、弱みを見せることは怖いと感じるものです。そのため、リーダーは勇気を出して皆のモデルとなれるようにメンバーに助けを求めてみましょう。

3 ともに考える姿勢

　チームの支援をするのは、リーダーに求められる役割ではありますが、自分一人で頑張ろうとしても対処しきれない場合もあるでしょう。一人で抱えることで、リーダーの心の余裕がなくなり表情がきつくなり、かえってメンバーに気をつかわせてしまったり、状況を悪化させてしまうこともあります。

　そのようなときには、チームの直面している課題について共有し、どのような対応をすればよいのか、チームで考えて答えを出しましょう。

保育者の個性や保育観を見極める

　私には、「園の子どもも大人も一人ひとりに幸せを感じてほしい」という思いがあります。この場合、幸せとは「自分らしさを大切にしながら成長をしていくこと」だと考えます。この思いを当園のリーダーも共有してくれており、自分らしさを大切にしながらも保育者が成長できるように、現在のリーダーは大きく2つのアプローチをしています。

　1つ目は、保育者自身が気づき保育者同士が学びあう「勉強会」の機会を設けています。勉強会の内容は、1週間の活動の振り返りや子どもの様子について話し合いをする際に保育者から出てくる言葉や、普段の保育の様子等を見て決めています。

　また、勉強会では保育者自身が気づき学び合えるよう、各リーダーが保育者の表現の仕方や歩みに沿うよう工夫した方法で保育者一人ひとりが主役になれるワークショップを行います。また、発言しやすく、間違ったことを言っても気にしないように、ワークショップを始める前には、「人の意見を否定したり、批評しない」といったいくつかの約束事を伝えています。そして、リーダーは自分の意見が保育者の意見と異なっても、否定はせず、まずは「相手が今どう思っているのか」を傾聴することを大切にしています。勉強会を通して相互理解を深め、課題を共有し、組織力を高めます。

　2つ目は保育者の個性や保育観を見極め、仕事を任せて成長する機会を設けています。仕事とは、子どもと直接かかわるものや間接的に関わるものなどさまざまです。保育者の個性や保育観を見極めるためには、話し合いだけではなく、一緒に保育をしたり、昼食を取りながら心を開いて保育の話や世間話をしたりする等、保育者を知ることに努めます。そして、それらはリーダーだけでは難しいときもあるので、私も保育の現場に入って一緒に保育をしたり、その人が輝けるための話し合いを行います。このようなことをくり返していくと、「さまざまな素材の特性を知っているこの保育者だからこそ面白い制作の活動ができる」「他の保育者の仕事量やキャパシティ等を考慮して役割分担をしてくれるこの保育者だからこそこのプロジェクトの進行を任せてみたい」ということが少しずつわかってきます。そこで、リーダーと私で、保育者に任せたい仕事について話し合い、本人へ依頼します。

Leader's Voice

　ここで大切なのは、任せられたから仕事をするのではなく、自分の強みを活かして組織へ貢献するという意識を保育者にもってもらうことです。そのため、保育者に依頼する際には、ただ単に依頼するのではなく、リーダーや私の思いを伝えています。これにより、保育者は自己効力感を高め、自信をもてるようになっていきます。

　2つのアプローチは時間を要することもあるため、緊急を要するような場合は直接保育者に伝えますが、その際もまずは本人の思いを傾聴するようにし、本人が気づけるような話し合いになるようにしています。

　私は、一人ひとりの保育者に、特性・個性を活かした保育のスペシャリストになってほしいと思っています。たとえば、「○○といえば、この保育者が適任」といえるような、個性をもつスペシャリストがそろったら、とても素晴らしい組織になると思います。当園には、子どもたちが楽しんで片づけができるような環境整備をしてくれる保育者や、見通しがもちたいからと率先してスケジュールを組んでくれる保育者がいます。

　目指す保育は同じでありながら、各保育者が個性を活かした組織へのかかわり方を見つけると同時に、自分が相手に受け入れてもらっていることを理解し、相手を受け入れる関係性(協働性)を築いていける組織を目指していきたいです。これは、当園の保育理念の一つである「私は私、でも私は私たちの中の私」にもつながります。

　「園の子どもも大人も一人ひとりに幸せを感じてほしい」という思いに近づくために、保育者に寄り添いながらその人らしさを認め、話し合いや勉強会を通して振り返りを行い、次にどのようにアプローチしていくか改善するというサイクルをくり返しています。

　保育リーダーという仕事は、自分らしさを大切にしながら成長していけるため、職員の人生の中核に必要ではないかと感じます。子どもたち一人ひとりを理解して適切な援助をするのが保育者であるように、リーダーは一緒に働く職員を理解して、その人らしい保育、さらには職員が自分らしい生き方を見つける役割をもっていると思います。

幼保連携型認定こども園寺子屋大の木

主幹保育教諭　竹嶋加奈絵

5.メンタルヘルス

保育者の疲労

　保育者の疲労は、大きく分けて身体的疲労と精神的疲労があります。どちらの疲労も蓄積することで、慢性的な症状や疾病につながります。身体的疲労とは、子どもを抱っこしたり、姿勢を低くすることが多いことからくる背中・腰痛、肩こり、首筋の痛みなどです。また、大きな声を出すことによる喉の痛み、声の枯れなどです。

　保育者にとっての身体は、音楽家にとっての楽器と同じです。少しずつその使い方や特性を理解し、自分の癖を見極め、無理のない適切な使い方を模索していく必要があります。このくらいの無理はきくのかなと我慢を続けてはいけません。年齢を重ねるにつれ、身体は変わってきます。大切なのは常に理解し続けようとすることです。身体から発せられる痛みや疲労というSOSを感じ取り、ケアをする必要があります。

　一方、精神的疲労の原因は、仕事の多さと時間の欠如（書類、持ち帰りの仕事など）、子ども理解・対応の難しさ（発達障害など）、園内の人間関係、保護者との問題（ニーズの多様化）など多様です。これらがストレスとなり蓄積されることで、精神的疲労につながります。

　また、保育の特性である「成果の評価が困難である」ということも、精神的疲労につながる可能性があります。保育の奥深さや際限なく工夫や努力が求められるという保育の特性は、保育者にとってやりがいにつながります。しかし、保育という仕事の成果は、すぐに目に見えてとらえられるものではありません。自分の行った保育がよかったのか悪かったのかを評価することが難しいため、常に「これでいいのかな？」という不安を抱きやすくなります。

　保育者は高い専門性と豊かな人間性を求められる仕事です。そのためリーダーは、保育の質の確保・向上と密接につながっている職員のメンタルヘルス（精神的に健康な状態）に積極的に取り組まなければなりません。

■ 保育者の疲労

身体的疲労

- 抱っこや姿勢を低くすることからくる背中・腰痛、肩こり、首筋の痛み
- 大きな声を出すことによる喉の痛み、声の枯れ

精神的疲労

- 仕事の多さと時間の欠如（書類、持ち帰りの仕事）
- 子ども理解・対応の難しさ（発達障害など）
- 園内の人間関係
- 保護者との問題（ニーズの多様化）
- 成果の評価が困難（これでいいのかな？）

メンタルヘルスの基本はセルフケアとラインケア

　職員のメンタルヘルスへの取り組みの基本は、セルフケアとラインケアです。セルフケアとは、職員が自らストレスに気づき、適切に対処するための知識と方法を身につけ、自分自身でケアすることです。ストレスに気づくためには、職員がメンタルヘルスに関する知識を身につけるとともに、自分自身の精神的な健康状態について正しく認識できるようにする必要があります。メンタルヘルスに不調をきたすと、心理的な反応（不安、緊張、過敏、焦燥、抑うつ、怒り、悲しみ、イライラ等）や、身体的反応（頭痛、肩こり、動悸、めまい、血圧上昇、筋緊張、発汗等）、さらに行動に変化（集中力低下、不眠、食事量の変化、過度な飲酒、喫煙、衝動買い等）が現れます。不調の初期のうちにこれらの兆候をつかみ、疾病に陥る前にセルフケアをすることが大切です。

■ セルフケアとラインケア

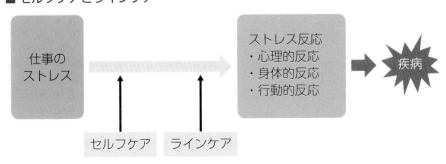

ただ、保育などの対人支援職に就く人は、他者のために自己を犠牲にし、燃え尽きてしまう傾向があるため、ラインケアも必須です。ラインケアとは、リーダーが職員の健康についてケアをすることです。まずはリーダーが職員の健康状態に関心をもち、さらに日ごろから職員と積極的にコミュニケーションをとることで、職員が相談しやすい関係づくりに努めましょう。

　リーダーは職員を気にかけるだけではなく、直接言葉をかける機会をもち、人材育成においては手をかけてていねいに育てましょう。また、相手の立場からものを考えるようにし、価値観の違いを認めながら一緒に考えるような姿勢をもちます。ストレスを感じるような状況が生じた場合、一人で抱え込んでしまうと、過剰な我慢や抑圧により、不安や緊張が高まります。物事を前向きにとらえ、ユーモアを大切にしましょう。

■ 安心できる職場環境をつくる

出典：宮脇美保子『看護師が辞めない職場環境づくり——
新人が育ち自分も育つために』中央法規出版，104頁，
2012年

レジリエンスを身につける

　レジリエンスとは、「復元力」「回復力」「抵抗力」などと訳されます。困難な状況や逆境において、楽観性をもって自分の力を信じ、嵐のなかでも竹のようにしなやかに適応することのできる心理的な力のことです。仕事のストレスがあっても、レジリエンスを養うことでストレスを乗り越えることができます。レジリエンスは、学習やトレーニングにより身につけることができます。自己の感情や価値観に対する理解を深め、前向きな思考を学び、自己効力感や自尊感情を養うことが重要です。

　一例として、物事のとらえ方を変えるリフレーミングを紹介します。たとえば、自分の嫌いなところや短所が「優柔不断」であれば、「慎重派」や「責任感が強い」などと長所に言い換える

ことができます。価値観も同様に言い換えることができます。「失敗してはいけない」という価値観がある場合、少しの失敗でもストレスを強く感じます。その場合は、「失敗することもある、失敗から学び成長すればいい」と言い換えてみましょう。また、「保護者対応がうまくできない」など、困っている状況は、「それは素晴らしい。なぜならこれ以上関係は悪くならない。これから関係は向上するのみ」と言い換えることもできます。つまり、状況は変わらないけれども、状況のとらえ方が変わることでストレスを軽減させることができるのです。

組織・チームのレジリエンスを高めていく

　セルフケアやリーダーによるラインケアだけで、職員のメンタルヘルスを維持することには限界があります。そのため、逆境を組織・チームで乗り越えていくことのできる関係性を構築し、組織・チームのレジリエンスを高めていくことが求められます。たとえば、メンター制度などのしくみを取り入れることができます。

　メンター制度とは、豊富な知識と職業経験を有した先輩職員（メンター）が、後輩職員（メンティ）に対して行う個別支援活動です。直属の上司や先輩は指示・命令を行いますが、メンター制度では双方向の対話（1か月に1回など定期的に行われる）を通じて、後輩職員の課題解決や悩みの解消を援助します。メンター制度は、職場において自然に発生する、先輩・後輩間の育成的な人間関係を意図的につくり上げるしくみです。

　そのほかにも、行事の準備や雑務を二人一組で実施する体制づくりや、会議で互いに傾聴する時間を設けるなど、互いが気になる関係性の構築を目指したさまざまなしくみづくりをしましょう。保育に自信がもてないときや不安になったときに、誰かに聴いてもらえるという安心感により、組織・チームのレジリエンスは高まっていきます。

　ただし、うつ病や適応障害など、対応が難しいケースは外部の専門家や専門機関の力も借りましょう。自分たちだけで対処しようとすることで、症状や問題が悪化することもあります。

■ メンター・メンティの関係イメージ

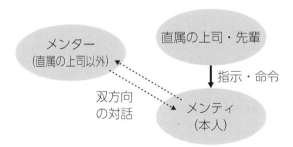

資料：厚生労働省「メンター制度導入・ロールモデル普及マニュアル」3頁，2013年

ケース 1 職員の気持ちが理解できません

リーダーの悩み

職員の仕事に対する意欲や、人間関係や職場に対する感情などが理解できません。
どのようなことを感じながら仕事をしているのかわからないため、知らないうちにストレスをためているのではないかと不安になります。

実践アドバイス

　昨今は、保育現場へのICTの導入が進んできていて、出勤時に今日の気分について入力するようなシステムもあります。職員が自分で今の気分を入力するので、リーダーはそれを確認して、ケアが必要な職員と一対一の面談の時間をとることもできます。

　そのようなシステムがない場合、会議などの公式な場において今の自分の気持ちや気になっていることなどを共有する時間をとるとよいでしょう。「仕事だから弱音を吐いてはいけない」「プライベートについては職場に持ち込むべきではない」という暗黙のルールが存在すると、いつの間にか本音を出し合うことができない組織・チームになってしまいます。

　普段からリーダーは職員に「最近調子どう？」などと声をかけ、感情を共有する時間を意識的につくりましょう。特に、行事前など普段より忙しい場合には、お互いに気遣う余裕がなくなるので、リーダーは「大変そうね」などと声をかけて、「あなたのことを気にかけているよ」というメッセージを伝えましょう。

解決策

最近うれしかった
ことは…

最近こんなことが
気になっていて…

今日の気分は…

今日の体調は…

目には見えない心の内を他者に知ってもらうことで安心してその場に参加することができる

1 チェックインを行う

　クラス会議の最初に5分ほど時間をとり、短時間でチェックインを行いましょう。チェックインというのは、その場に参加するための準備時間です。「今日の会議の議題について考えていること」や「今の自分の気持ちや体調について」「今気になっていること」などを、一人一言ずつ言葉にしましょう。自分の内面に起こっていることを言葉にすることで、組織・チームのメンバーに「理解してもらえている」という安心感を得ることができます。

2 感情を十分に味わう

　もし特別なケアが必要な職員がいた場合は、一対一の面談の時間をとりましょう。その際には、相手の気持ちの切り替えを急ぐのではなく、じっくりと感情を聴く時間をとりましょう。感情は抑圧するのではなく、じっくり味わう時間をとることで次への一歩を踏み出し、乗り越えていくことができます。

　変化は期待しながらも、急かしてはいけません。相手が自分から変化するのを焦らず待つ姿勢が大切です。

3 リーダーがセルフケアをする

　リーダーが大変そうな顔をしていたり、余裕がなさそうな雰囲気を醸し出していると、職員は「余計な負担をかけてはいけない」「時間を割いてもらうのは申し訳ない」と感じます。まずは、リーダーがメンタルヘルスについて理解し、セルフケアができていることが重要です。また、リーダーが率先して職員に助けを求めるなど、「弱みを見せても大丈夫」という雰囲気づくりをしましょう。

ケース 2 保護者との関係に職員がストレスを感じている

リーダーの悩み

保護者との関係がうまくいかないことで、職員がストレスを感じています。真面目な性格の職員なので、保護者との関係を改善しようと頑張っていますが、自分一人で抱え込み過ぎてしまっていて、保育に身が入らない様子が見られます。

実践アドバイス

　「クラスの問題はクラスの担当保育者が解決すべき」という組織の風土があると、一人で問題を抱え込み、リーダーが気づかないうちにストレスを高めてしまうことがあります。「園の問題は全職員で共有し対応する」という風土づくりを目指しましょう。

　また保護者との関係改善は重要ですが、「すべての保護者との信頼関係が築けている」などと、理想が高すぎると現実との乖離により余計にストレスを高めてしまい、自信も失ってしまいます。そのため、リーダーは職員が段階的に関係改善を目指せるよう、現実的な目標設定ができるような支援をしましょう。

　職員が「保護者との信頼関係が築けている」という結果に固執するのではなく、保護者との日々の何気ないコミュニケーションの積み重ねや、ていねいな保育を通して子どもとの間に信頼関係をつくるなど、リーダーは「今私たちができること」を職員とともに考え、取り組みましょう。

解決策

	③ 今私たちは 何ができる？	② 1年後の目標	① 理想 （卒園時）
子どもと 保護者の 関係性	←	←	
園と 保護者の 関係性	←	←	

①②③の順で話し合いをすることで、段階的で現実的な関係性向上を目指した取り組みができる。

1 段階的な関係改善

　保護者との信頼関係を築くことは大切です。しかし、「信頼関係が築けている」という結果ばかりに執着すると、保育者は保護者との日々のコミュニケーションがうまくできないことで一喜一憂し、徒労感を感じやすくなります。「1年後」には、あるいは「卒園時」には、どのような理想的な関係性が築けているのか、長期的な目標を設定したうえで、段階的で現実的な関係性向上を目指した取り組みにより、小さな成果を感じられるようにしましょう。

2 リーダーの介入と支援

　保護者からのクレーム対応などは、新人保育者では対応しきれない場合もありますので、その場合は適度な介入を行い、段階的に任せるようにしていきましょう。

　たとえば、リーダーと保護者とのやり取りを隣で見せて、そのやり取りについて一緒に振り返る時間をとるなど、経験を通して少しずつ新人保育者の保護者対応についての実践力と自信が身につくような支援をしましょう。

3 保護者と連携・協働するための取り組みを見直す

　園の保育方針などについて理解を示してもらうだけではなく、子どもにとっての最善を目指した保育の実現のためには、保護者との連携・協働が求められます。しかし、保護者との連携・協働を目指すために、園として必要十分なアプローチができているのかどうかを見直しましょう。保育者個人の問題としてとらえ、個人の努力に任せきりにするのではなく、保護者との関係構築を組織の問題としてとらえ、組織的に対応する風土をつくりましょう。

5. メンタルヘルス

ケース 3 余裕がなくてチームをサポートできない

リーダーの悩み

リーダーとして職員の精神的なサポートをしたいのに、書類作成や行事の準備等で仕事が忙しく余裕がありません。
また、外部の研修に出る予定があるのですが、園を不在にすることで、職員の負担が増えるのではないかと心配です。

実践アドバイス

　組織・チームの職員のサポートをするのは、リーダー一人では限界があります。また、リーダーに依存している組織・チームは、リーダーに余裕がない場合、あるいはリーダーの不在時には、自分たちだけで物事に対処できません。そのため、お互いに支え合う関係性をつくり、組織・チームとしてのレジリエンスを高める必要があります。

　たとえば、経験豊かなベテラン保育者（メンター）が1か月に1回など定期的に対話の時間を設け、新人保育者（メンティ）の課題解決や悩みの解消を援助するメンター制度に取り組んでもよいでしょう。

　普段からの人間関係が、何かあったときのレジリエンス（復元力、回復力、抵抗力）につながります。そのため、リーダーは組織・チームのメンバー間の関係性の向上に努めましょう。互いにサポートし合う関係づくりをすることで、組織やチームとして、しなやかに状況に対処することができるようになります。

解決策

① レジリエンスを高めるしくみをつくる

組織・チームのレジリエンスが高まるようなしくみづくりをしましょう。たとえば、クラス会議で10分ほど時間をとり、互いに「ほめ言葉のプレゼント」をしたり、「最近あった面白い子どものエピソード」などを共有する時間をとることで、自分たちのポジティブな側面に光が当たるようになります。また、自由に「困っていること」や「気になっていること」を出し合い、解決策を話し合う時間をとることで、チームに問題解決力が培われます。

日常的に認め合い、気遣い合う関係性により、リーダーが不在でも機能する組織・チームへ

② 中堅層が傾聴力を身につける

メンターは、相手の話を「聴く」力を養う必要があります。ベテラン保育者はどうしても、後輩の保育者に親切心から指導的にかかわり、教える・教わるという関係性を築いてしまいます。

しかし、メンター制度で重要なのは「聴く」時間を確保することです。特に中堅層の職員が傾聴力を身につけることで、日常的にピア・カウンセリング（同じような立場の人同士が話を聴き合い支え合うこと）が自然発生することが期待できます。

③ 互いの存在が気になる関係性をつくる

クラスの枠を超えた、互いに相手が気になる存在になる関係性をつくるようにしましょう。そのためには、行事の担当や園内の研究会のメンバーなどを、多様なメンバーで構成するようにし、相互理解を促しましょう。

作業をしながらだと自然と会話も生まれやすくなります。さらに、行事や研究会などの目的を共有し、達成に向けて協働することで、組織・チームとしての一体感を感じやすくなります。クラス内だけで解決できないような問題には、全職員で柔軟に対応しようとする姿勢につながるでしょう。

6.園組織の風土づくり

助け合い育み合う関係性づくり

　保育には悩みや不安がつきものです。そのため、職員間には、お互いに共感し合い、困ったときには助け合い、問題や課題は組織・チームで対処しようとする関係性が必要です。しかし、保育の質の確保・向上のためにはさらに、育み合う関係性が求められます。

　育み合うと関係性とは、職員それぞれが立場に関係なく率直に自分の思いや考えを伝え合うことができ、専門性や保育の質向上を目指して切磋琢磨する雰囲気があるということです。そして、理想の保育の実現のためにチャレンジすることが奨励され、互いの存在と頑張りを認め合うことができる関係性です。

■ 助け合い育み合う関係性

助け合う関係性
- 互いに共感し合い困ったときには助け合う
- 問題や課題には組織・チームで対処しようとする

育み合う関係性
- 立場に関係なく率直に自分の思いや考えを伝え合うことができる
- 専門性や保育の質向上を目指して切磋琢磨する
- 理想の保育の実現のためにチャレンジすることが奨励される
- お互いの存在と頑張りを認め合うことができる

　チャレンジするということは、失敗する可能性があるということです。しかし、人は失敗から多くを学びます。たとえば、子どもたちの興味・関心や育ちの理解をもとに、保育者は保育の計画を立てますが、実際やってみると保育者が予想していなかった展開をすることがあります。

　そのような実際の子どもの姿にふれることで、保育者は子どもの理解を修正し、次の保育の計画に活かすことができます。また、子どもとのかかわりにおいても、保育者は子どもの反応を見ながら、かかわり方をその都度修正しています。

　このように保育者は保育実践において、トライ・アンド・エラーをくり返すことで学びや気づきを得ています（もちろん子どもの安心・安全な生活が脅かされるような場合はリーダーによる

危機介入も必要です）。

　転んだ経験のある子どもは、足元に気をつけてバランスを取りながら歩くことを覚えます。小さな怪我からの学びが、将来の大きな怪我を予防することになります。失敗することを批判するのではなく、多くのチャレンジと、その経験からの学びを奨励するような関係性が求められます。

　保育の質の確保・向上のためには、このように関係性の向上が求められます。言い換えると、関係性の質が保育の質を支えているわけですが、関係性の向上は後回しになってしまいます。その理由は2つあります。それは、保育の質の確保・向上のほうが優先順位が高いこと、そして、関係性の向上をどのように進めればよいのかがわからないためです。

自己開示とフィードバックによる相互理解の促進

　関係性向上の基本は職員の相互理解の促進です。そのためには、園内研修や会議を、一方的に話を聞く一方通行型から、対話を中心とした双方向型に変え、相互理解を促進する機会としましょう。相互理解のためには、自己開示とフィードバックに意識して取り組むことが重要です。

■ 自己開示は相手にとってフィードバック

あなたの話を私はこのように理解したよ

　自己開示とは、自分の考えや思いなど、心の内にあることを他者に対してオープンにすることです。そして、フィードバックとは、自分では気づけない客観的な事実を他者から教えてもらうことです。特に対話においては、お互いにフィードバックすることを意識しましょう。たとえば、会議において「あなたの話を私はこのように理解したよ」と、自分の受け取り方（理解）を言葉にして伝えます。そうすることで、自分の理解が正しいかどうかを相手に確認することができます。もし誤解があった場合は、相手が「いや。そうじゃなくて……」と修正をしてくれるでしょう。さらに、相手の話に耳を傾けしっかり理解しようとする真摯な態度が相手に伝わります。

　また、「あなたの伝え方を私はこのように感じたよ」という、自分の感じ方を自己開示することもできます。たとえば、「その言い方は傷つくなぁ」「そういう言われ方をすると寂しいなぁ」という、自分の内側で起こっていることを相手に開示することができます。すると相手は、伝え方を修正しようとするでしょう。これは、相手にとってはフィードバックになりますが、自分に

とっては自己開示になります。

フィードバックがあるから精度が上がる

　ストラックアウトというゲームをご存知でしょうか。9つの的にボールを当てていくゲームです。ボールを投げるのは、相手に何かを「伝える」という行為だと思ってください。そして、ボールがどこに当たったかを目で見ることは、フィードバックを受け取るということです。フィードバックを受け取ることで、「次はもう少し右に投げれば的に当たるかもしれない」と考えて、投げ方を修正することができます。ボールを投げるだけで、どこに当たったかが見えない（フィードバックがない）と、投げ方（伝え方）を修正することができないというわけです。コミュニケーションは誤解が生じたり、お互いに傷つけてしまうこともあるという前提で、自己開示とフィードバックを互いにくり返すことで、精度が上がっていきます。

　では、相手を傷つけてしまったらどうすればよいのでしょうか。答えは簡単です。「そんなつもりじゃなかったんだ」と、ボールを投げ直せば（フォローすれば）よいのです。

　ちなみに、先述した保育者が実際の子どもの姿にふれることは、子どもから保育者へのフィードバックということになります。そして、保育者はそのフィードバックを得ることで、子どもの理解を修正し、かかわり方を変えていくことができるのです。大切なことは保育においてもコミュニケーションにおいても、相手からのフィードバックを受け止め、自己を変えていこうとする姿勢です。

組織・チームに介入する

　リーダーは、保育の質の確保・向上とともに、関係性の向上の支援を行い、組織・チームのパフォーマンスを向上させることができます。そのためリーダーは、必要に応じてグループに介入することが求められます。ただし、適切な介入のためには、組織・チームのメンバー間の「今ここ」で起こっていることを、できるだけ正確にとらえる必要があります（第1章6組織・チームに対するリーダーの支援参照）。どのような介入が適切かわからない場合には、まずは理解をし

ようと努めることが大切だということです。そして、そのようなリーダーの姿勢がモデルとなり、職員が相互理解に前向きに取り組もうとする風土につながります。

■ タスクとメインテナンスの支援

タスク
（目標達成）
保育の質の確保・向上

メインテナンス
（人間関係づくり）
職員集団のチームワークや
コミュニケーションのあり方

両方のプロセスへの支援を、バランスよく行う
ことでチームのパフォーマンスが向上する

　さて、せっかく相互理解の機会を確保しても、対話が成り立たない場合もあります。特にそれまで一方通行型の会議や園内研修が多く、発言や相手の話を傾聴する機会がなかった場合は、話し合いの方法がわからず、メンバーが戸惑うこともあります。そのようなときには、まずはある程度の枠組みを与えて、話し合うことの意味や意義が実感できるような機会を保障しましょう。枠組みというのは、話す順番や内容等をリーダーが指定するということです。いきなり自由を与えられると不自由になります。手始めとして、枠組みのなかで自由を発揮できるようになることを目指しましょう。そして、組織・チームのメンバーが自分たちで自立的に対話を進められるようになったら、段階的にリーダーは支援を減らしていきましょう。最終的には枠組みを与えなくても、自分たちで対話を進められるようになるでしょう。

自己の成長には他者の存在が不可欠

　職員間で対話を重ねることで、「自己の成長には他者の存在が不可欠である」という実感が得られます。保育者は、日々経験したことを振り返ることで、子どもの行為や言葉の背景や保育者のかかわりについて、実践の最中には気がつかなかったことや、直感的に感じ取っていたことを意識化でき、学びや気づきが得られます。そして、保育者として成長することができます。

　しかし、保育者が一人で振り返りを行っても視野が狭くなりがちです。そこで、他者との対話を通して、自分とは違うとらえ方や考え方、感じ方に出会うことで、視野が広がり多様な学びや気づきが得られます。それらを整理し関連づけることで、次第に体系的なものとなっていきます。このように、「自己の成長には他者の存在が不可欠である」という実感を得ることが、お互いの成長に貢献しようとする姿勢をもつことにつながります。つまり、職員の相互理解により相互信頼が促され、それが助け合い、育み合う関係性づくりになるのです。

1 会議で誰も発言しない

リーダーの悩み

会議で発言を促しても誰からも
意見が出ないため、いつもリー
ダーがしびれを切らして発言し
てしまいます。職員全員が納得
して結論が出せるように配慮し
ているつもりですが、結局は
リーダーの発言のみで結論に至
ります。

実践アドバイス

　職員が主体的に会議に参加できるようにと、リーダーが職員に発言を促して
も、期待したような積極的な発言が得られず、結局はリーダーが主導し結論に
至ってしまうことがあります。そのような場合、おそらく参加しているメンバー
は、各層ごとに発言をためらう多様な理由があるのでしょう。

　たとえば、新人層は発言したいけれども、自分の意見が否定されたり批判され
たりするおそれを感じ、発言できないのかもしれません。ベテラン層は、経験を
重ねた保育者として立派で尊敬に値するような発言を求められていると感じ、発
言をためらっているのかもしれません。そしてリーダーは、自分が最初に発言す
ると、皆が発言できなくなるのではないかということを心配して発言できない、
という状況か起こっているかもしれません。そのため、一人ひとりが安心して発
言できるような工夫が必要です。

解決策

① グループの人数を少なくする

メンバーの人数が多いと、そのぶん緊張感は増します。なぜなら、人数が増えれば増えるほど、自分の発言を評価する対象が増えるためです。会議の参加者数が6人であれば、2人もしくは3人一組の小グループになり、まずは意見交換をしましょう。その際、他のグループの話が聞こえてこないように、できるだけグループ同士の距離をあけるようにします。その後、6人で集まりそれぞれのグループでどのような話をしたのかを報告し合います。

② 付箋やノートを使う

いきなり一人ずつ発言させるのではなく、まずは付箋やノートなどに一人ひとり自分の意見を書きます。それから、書いたことを読み上げ共有するという順序にすれば、必ず全員が発言することになります。少しずつ自分の意見を表出することに慣れる機会をつくりましょう。

まずは一人で考える時間をとることで、他のメンバーの意見に影響を受けない、その人らしい独特な意見が出てきます。

③ 対話の練習を繰り返す

自分の意見を言語化することに慣れてくると、グループの人数を多くしても、付箋やノートを使わずに発言できるようになります。つまり、対話は練習をくり返し、その方法について体験学習をすることが重要だということです。体験を通して、率直な発言をしても大丈夫という感覚や、聴いてもらえるという感覚を味わう時間を確保しましょう。

まずは付箋に意見を書いてください

2 ベテラン保育者が一方的に発言して他のメンバーが発言できない

リーダーの悩み

リーダーとして、会議では職員一人ひとりの意見や思いを聞いてみたいと考えていますが、ベテラン保育者が一方的に強気な発言をしたり、他者の発言を遮ったり批判するようなこともあり、他のメンバーが発言できません。

実践アドバイス

　保育現場では、「経験を重ねた保育者ほど正しい判断ができる」といった暗黙の了解が存在します。そのため、ベテラン保育者は会議で多く発言し、その場の流れの決定権をもっている場合があります。もちろん、ベテラン保育者は、経験知を活かして会議の議題についてすぐに結論を出したり、問題の解決をすることが可能です。

　ただし、会議に参加したメンバーがそれぞれ充実感を感じ、意義のある意見交換を行うためには、機会の均等性と参加の平等性を保障することが求められます。機会の均等性とは、全員に自分の意見を表明する機会や時間が均等に与えられることです。そして、参加の平等性とは、限られた人だけではなく全員に意思決定への参加が認められることです。そのために、リーダーは必要に応じて介入しましょう。

解決策

① グラウンドルールを設定する

グラウンドルールとは、参加した全員が安心・安全に参加できるための会議や研修の約束事です。たとえば、「相手の話は遮らず最後まで聴く」「否定や批判はしない」などの約束事を、会議や研修の冒頭で確認します。グラウンドルールが守られていないと感じたら、再度全員で確認をしましょう。

対話をすることにメンバーが慣れてきたら、全員でグラウンドルールづくりをしてもよいでしょう。

② 参加の平等性と機会の均等性を保障する

たとえば、二人一組にして、「話し役」と「聴き役」を決めます。2〜3分間は、「聴き役」は「話し役」の話を相づちやうなずき、質問をしながら聴きます。時間になったら役割を交代しましょう。また、「トーキングオブジェクト」を用いることも有効です。手のひらに収まるくらいの大きさの人形やお手玉を用意し、それをトーキングオブジェクトにします。小グループで対話を行う際に、発言する人はそのトーキングオブジェクトをもって発言します。その他の人は「聴き役」になります。トーキングオブジェクトを持ち続けることで、自分ばかりが発言していることに気づくでしょう。

③ ファシリテーターの介入

リーダーはファシリテーター（会議や研修における進行役・促進者）として、状況に応じて介入をしましょう。ただし、誰かを責めるのではなく、全員が気持ちよく参加できるためにどのような支援が必要であるのかを考えて、最低限の介入にとどめます。

最終的なゴールは、リーダーの介入なしに、メンバーが自分たちで機会の均等性と参加の平等性を互いに保障しようとすることです。

6. 園組織の風土づくり

ケース 3 風通しのよい職場づくりの方法がわからない

リーダーの悩み

働きやすさの向上のため、風通しのよい健全な組織の風土づくりを目指したいと思っていますが、具体的にどう進めたらよいかわかりません。職員間の人間関係を理由に離職する職員もいるため、リーダーとして危機感もあります。

実践アドバイス

　パワーハラスメントが起こりやすい職場の特徴の一つに「閉鎖的な職場」というものがあります。外部との人間関係や人的交流が少ない職場では、どうしても心理的な閉塞感を抱きやすい状況が生まれます。保育現場はこの特徴に当てはまりやすいので、注意が必要です。

　人間関係についても、他者に対してコミュニケーションをとらず閉鎖的である場合、あまりよくない方向に向かいます。人は相手の中で起こっていることがわからないから不安になります。これは、組織やチームをつくるときに障害となる「不必要な懸念」と呼ばれます。

　「私の保育ってどう評価されているかな？」「私の会議の発言について、皆はどう感じただろう？」といった心の動きです。この不安を解消するために、人は相手の中で起こっていることを想像し補おうとします。「きっと悪い評価をされているに違いない」「変に思われたかな。発言するんじゃなかった」と、悪い方向（邪推、勘繰り）で補うと、人間関係が悪化します。そのため、保育も人間関係も閉鎖的にならないような取り組みが求められます。

解決策

1 フィードバックを求める

どう感じていますか？

人間関係の不安を解消する一番よい方法は、「私のクラスの子どもたちの様子、どう感じていますか？」「会議での私の発言、どう思われましたか？」などと、周囲に尋ねてみることです。これにより周囲の受け止め方（現実）が理解でき、不安が解消されます。相互理解が進めば、少しずつ不安を感じない関係性ができてきます。会議や研修において、フィードバックを伝え合う機会をつくり、開放的なコミュニケーションの心地よさを体感できるようにしましょう。

2 関係性についての目標を共有する

「保育への思いを聴き合うことのできる関係性」「困ったらお互いに支え合う関係性」など、職員間で自分たちが目指したい関係性についてスローガン（目標）を共有しましょう。職員全体で関係性についての目標を共有することで、関係性の向上について職員が同じ方向性に向かって自覚的に取り組むようになります。

3 自分たちだけで完結させない保育

保護者や地域と連携・協働をしたり、外部講師や専門機関の職員などを招き助言をもらったり、公開保育や研究会への参加などを通して、保育の質向上を目指しましょう。自分たちだけで保育を完結させるのではなく、外部との人間関係や人的交流を活発に行うことで、心理的な閉塞感もなくなります。

7.チームビルディングによる 活性化した組織・チーム

活性化した組織・チームとは

　「組織・チーム」と「集団」の違いとは何でしょうか。たとえば、信号待ちをしている人の集まりは「集団」ですが、「組織・チーム」とは呼びません。「集団」が「組織・チーム」として動くことができるようになるためには、リーダーによるチームビルディングが必要です。

　チームビルディングとは、集団に対して、互いの関係性を深め、一体感を育み、組織・チームとしての機能を活性化させることを目的に行われるチームづくりのことです。組織・チームのメンバーが目標を共有し、目標を達成するための役割分担をするだけではなく、仕事の手順や意思決定について共通理解をつくる必要があります。これらが正しく理解されていない場合、組織・チームとして機能することができません。さらに、メンバー相互の意思疎通がうまくいかず、関係性が悪化することにつながります。

■チームビルディングのモデル

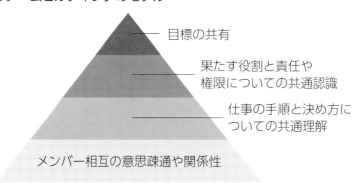

目標の共有

果たす役割と責任や
権限についての共通認識

仕事の手順と決め方に
ついての共通理解

メンバー相互の意思疎通や関係性

分散型・協働的リーダーシップ

　分散型・協働的リーダーシップとは、園長や主任、リーダーだけではなく、すべての職員がリーダーシップを発揮している組織のあり方です（第1章❸よさや持ち味が活かされている組織・チームのつくり方参照）。職員の誰かがリーダーシップを発揮しているときには、他の職員はリーダーをフォローします。リーダーシップを発揮する人が固定ではなく、流動的にリーダーとフォローをする人が、そのときそのときで入れ替わります。言い換えると、すべての職員のよ

さや持ち味が活かされて、支え合うことができている民主的な組織のあり方であり、そこでは多様なあり方が肯定されています。

■ 分散型・協働的リーダーシップによる組織・チームのあり方

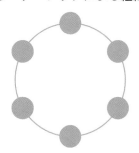

　しかし、民主的な組織のあり方を目指すのは、非常に難しいと感じるでしょう。なぜなら、私たちはこれまで、そのような組織に所属した経験がほとんどないからです。一般的な学校教育では、先生からの指示・命令に従い、皆と同じように動くことがよしとされます。日本の多くの会社でもトップダウンが当たり前で、従わない社員は煙たがられるでしょう。しかし、組織がトップダウン型である場合、一部のリーダーの言うとおりに動くことをくり返していると、メンバーは自分で考えたり工夫したり試行錯誤する必要がなくなります。対話を通して自分たちの内に答えを見つけようとするのではなく、リーダーから答えを与えられるのを待つという姿勢ができてしまいます。

　単純な仕事であれば問題はないでしょうが、保育には創造性が求められます。目の前の子どもに対して保育者が自分で考え、臨機応変にかかわっていかなければなりません。予定調和的に一日が過ぎていくことはありません。だからこそ、保育現場には分散型・協働的リーダーシップが求められるのです。言い換えると、一人ひとりの職員が、自己のよさや強みに気づき、それらを十分に発揮できている状態を目指すということです。そのような自立的な組織・チームをつくるということは、リスクマネジメントにもつながります。なぜなら、保育においては、子どもの命を守るためにその場その場での自立的な判断が求められるためです。

リーダーによるエンパワメント

　分散型・協働的リーダーシップの組織・チームづくりのためには、リーダーによるエンパワメントが必要です。エンパワメント（empowerment）とは、もともとは「権限を与えること」「力を与えること」という意味です。新たに力を身につけさせるというよりも、もともともっているその人の強みに気づかせる、よさを引き出す、発揮できる環境を整えるなどの支援をし、その人の力を最大限引き出すことです。子どもや保護者を支える保育者がいて、その保育者を支えるリーダーや園長がいるというイメージです。

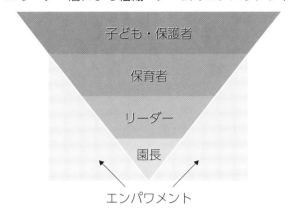
■ リーダー層による組織・チームのエンパワメント

子ども・保護者

保育者

リーダー

園長

エンパワメント

　リーダーは、職員が必要としている情報や知識を与えることでエンパワメントをすることができます。情報や知識というのは、保育に関するものだけではありません。一人ひとりの職員のよさや強みをフィードバックすることも含まれます。

　たとえば、職員会議において、新人職員がベテラン職員の発言をうなずきながら一生懸命メモを取っていたとしましょう。リーダーはその新人職員に「あのように一生懸命耳を傾けてくれる姿があると、発言するベテランは自信になる」と伝えます。そうすると、新人職員は自分では気がついていなかった自分のよさや強みを自覚することができます。職員一人ひとりには当然違いがあります。「違いは間違い」ではなく、「よさや強み」とお互いに認識できるような組織・チームの風土づくりをリーダーが率先して進めていきましょう。

PDCAサイクルを循環させることができる組織・チームへ

　自立的な組織・チームづくりには、職員に権限を委ねることが大切です。しかし、どこからどの程度委ねていったらよいのか判断が難しい場合は、「報・連・相」のしくみを見直すことから始めてみましょう。

　ある園では、それまで園長・主任が全職員に情報を一方通行で伝えていましたが、そのしくみを、まず各クラスリーダーと園長・主任が集まり、情報共有を行い、クラスリーダーが責任をもって各クラスの職員に情報共有を行うという形式に変えました。そして、各クラスの職員の質問には、クラスリーダーが答えるようにしました。それにより、各クラスリーダーは、クラス職員への情報共有についての責任と権限をもつことができるようになり、リーダーとしての自覚も芽生えました。どのような内容を誰に「報告」「連絡」「相談」すべきか、ということを明確化し、共通理解を図ることで、それぞれのリーダーやチームに権限が委譲されます。

　また、自立的な組織・チームづくりでは、自分たちで問題解決ができるようになることが重要です。問題解決においては、解決策を実行に移すためにフォローアップ（振り返り）の機会を設

けましょう。フォローアップでは、今回の解決策が有効であったかどうかを吟味し、解決策の軌道修正をします。解決策を考え、実行し、評価し改善するというPDCAサイクルを体験することで、日常の業務のなかでも自立的にPDCAサイクルを循環させることができる組織・チームになることが期待できます。

■ チームによるPDCAサイクルの循環

PDCAサイクルを回すことによるチームビルディング

　たとえば、皆さんの園における課題を一つ思い浮かべてみてください。その課題を解決する際に、リーダー層だけで解決策を検討し、解決策を一方的に職員伝え実行させるということをしていないでしょうか。そのようなやり方では、職員は受け身になってしまうことが多く、チームとして課題解決に向けて協働することはできません。PDCAの「D」だけを職員と共有するのではなく、PDCAのプロセスすべてを共有しましょう。

　まずはPDCAのPlan（計画）ですが、職員間で問題の共有をすることにより、「このままではいけない」という問題意識が芽生え、さらに解決策を検討することで、解決に積極的に取り組もうという姿勢が生まれます。

　そして、Do（実行）では、進捗状況について適宜情報共有をしながら解決策に取り組むことで、チームワークを発揮して協働する過程が経験できます。

　さらに、Check（評価）において、解決策の実行によりどのような成果が得られたのかを共有し、Action（改善）において、解決策の軌道修正を行います。

　多くの職員に参画してもらうことで、多面的に振り返り、多様な解決策が生み出される可能性があります。リーダーは職員をPDCAサイクルに巻き込み、プロセスを共有することで、「チームで仕事をする」という感覚を経験させることを意識しましょう。

ケース 1 情報共有がうまくできず 保護者に対して伝えもれがある

リーダーの悩み

職員間での情報共有がうまくできず、そのため保護者に対する伝えもれなどがあり、トラブルに発展することがあります。また、非正規職員と情報共有ができていないことで、保育に違いや混乱が生じています。

聞いてません！

実践アドバイス

　保育現場にはさまざまな情報が溢れています。そのため、効果的で効率的な情報共有の方法について、改善に取り組む必要があります。特に現場で問題になるのが、正規職員と非正規職員との情報共有です。情報の量と質、そして情報に関する重要性の認識の度合いに格差が生じやすくなります。格差があると、どうしても正規職員と非正規職員の間に主従の関係ができてしまいます。すると、子どもとの臨機応変で応答的なかかわりが求められる瞬間でも、非正規職員は自己判断できなくなります。

　子どもにとって、非正規職員と正規職員に違いはありません。しかし、いちいち指示を仰いでいたら、子どもの刻一刻と変化していく気持ちに寄り添う保育はできません。また、「自分だけに知らされていなかった」と感じると、職場において自分がぞんざいに扱われていると誤って認識し、疎外感を感じることにもなりかねません。必要な情報が共有されていることで、初めてチームとして協働することができます。リーダーはチームのメンバー間で適切な情報共有ができるように支援しましょう。

解決策

1 「なぜ？」「何のために？」という理由を共有する

職員間で共有すべき「情報の種類」「情報共有の手段」の確認とともに、「情報共有をしなければならない理由」について、職員間で共通認識をつくる機会を設けましょう。

人は理由で動きます。情報共有をすることのメリット、共有ができていないことで起こり得る問題などを職員間で確認しましょう。

模造紙やホワイトボードを用いて、見える化しながら確認をすると共有しやすいでしょう。

2 非正規職員の思いを聴く場を設ける

非正規職員であっても、正規職員と同様、保育現場で働くことに対してそれぞれ情熱や思いをもっています。リーダーが一方的に思いを伝えるだけではなく、非正規職員の思いを聴く場を設けましょう。回数はそれほど多くとれなくても、チームの一員としての一体感が高まり、よりよいチームワークの発揮につながるでしょう。

3 情報共有は双方向で行う

一方通行　　　　双方向

いつ決まったのかな？私には、あまり関係ないかな？

このように決まりました。なぜならば…

つまり、こういう理解でよろしいですか？

情報共有の効率化を図るために、掲示板や伝達ノートを使うことがあると思います。しかし、基本的には一方通行の伝達は、誤解が生じるおそれがあります。情報を伝えた職員は「伝えたつもり」になり、伝えられた職員は「理解したつもり」になるということです。そのため、できるだけ情報共有は双方向で行うようにしましょう。たとえば、掲示板や伝達ノートを読んだ人は、「私はこのように理解したけどこれで合っている？」というように、自分の理解した内容を、伝えた職員あるいは他職員と必ず確認するようにしましょう。

7. チームビルディングによる活性化した組織・チーム

ケース2 アイデアを実践に移せず 一時の取り組みで終わってしまう

リーダーの悩み

保育を豊かにするアイデアは、会議や研修の場面で職員からたくさん出てくるのですが、なぜか実践に移せません。また、アイデアが実践に移せても、一時期の取り組み（流行り）で終わってしまい、継続できません。

実践アドバイス

　保育は常に子どもにとっての最善を考え、質を向上させていく必要があります。そのためには、昨日までと同じ保育を続けていくだけでなく、新たな一歩に挑戦することが求められます。しかし、会議や園内研修などで対話を行い、職員から保育をより豊かにするアイデアは出てきても、実践に移すことができない場合があります。そのようなとき、リーダーとしてはあせりや苛立ちを感じ、職員を追い立てたくなるかもしれません。

　しかし、まずは自分たちで判断して行動することができるような、自立した組織・チームづくりに取り組みましょう。そのためには、できるだけ権限を委譲します。つまり、逐一リーダーの許可や確認が必要な状態から、自分たちで判断し実行できる範囲を広げるということです。ただし、リーダーはチームのメンバーの意思決定について放任するのではなく、チームの状況を見極め段階的に自己判断できる範囲を広げられるようにしましょう。

解決策

① 役割と責任、権限について共通理解を図る

各職員の役割と責任、権限について確認しましょう。自分たちで判断してもよい範囲はどこまでなのか、どこからはリーダーの許可や確認が必要であるのかを明確にしましょう。範囲を明確にするために、「報・連・相」を行うべき項目について図や表にして見える化し、共通理解を図りましょう。

ただし、できれば「報・連・相」のようなしくみは、組織・チームの状況に応じて年に1〜2回ほど見直しを行い、より適切な方法を模索しましょう。

② PDCAサイクルを回すことが当たり前となるようにする

リーダーはチームが新しい実践をすることのプロセスに寄り添い、自分たちでPDCAのサイクルを回せるように支援しましょう。特に、実践を始めたもののいつの間にか立ち消えているということのないように、新しい保育の取り組みの成果や進歩をともに確認する機会を必ずもちましょう。PDCAサイクルを回すことが当たり前になったら、少しずつチームに委ねていきましょう。

③ 報・連・相と確認

報連相とは、組織・チームの一員として求められる基本的な態度ですが、実は「報告→連絡→相談」の順序ではなく、「相談→連絡→報告」の順序で行うことが大切です。そして、最終的には一連の仕事のプロセスのあり方について、リーダーに確認をし、軌道修正が必要かどうかを振り返る必要があります。リーダーは「社会人としてできて当たり前」という価値観を押しつけるのではなく、担ってほしい役割や仕事の手順について、組織・チームからの期待を職員にしっかりと伝えるようにしましょう。

ケース
3 組織・チームとして「改善しよう」
という姿勢が見られない

リーダーの
悩み

組織・チームの課題に対して、
組織・チームとして改善してい
こうという姿勢が見られませ
ん。「個人の問題は、個人が責
任をもって対処すべき」という
雰囲気をどのように変えていけ
ばよいのかわかりません。

実践
アドバイス

　何か「取り組むべき課題がある」ということは、「よくない状態」とイコール
ではありません。メンバーで課題を共有し、みんなで取り組むということは、自
分たちが目指すべき方向性を共有すること、つまり目標を共有することになりま
す。そして、皆で協力して課題を乗り越えることで、組織・チームとしての一体
感を感じることにもなります。

　組織において取り組むべき課題がない、という状態はあり得ません。課題が
あっても意識化できていないということや、認識できていないということはあり
ます。課題があるということは、これまで当たり前にやっていたことを見直し、
新たな方法や価値を見出すタイミングが来たということです。課題解決について
組織・チームが「これは貴重な学びの機会だ」「成長するチャンスが訪れた」と
いう受け取り方ができるようなリーダーの支援が必要なのです。

解決策

① 課題解決の見通し（希望）がもてるようにする

課題を共有していても、その課題に取り組む予定がないと、メンバーに不安が生じます。「いつまでこの状態（不安）が続くのか……」という状態、つまり見通しをもてない状態では、未来に希望をもてません。

まずは、課題について議論する機会を設け、課題解決について具体的な予定を立て、課題解決の見通し（希望）がもてるようにすることが大切です。

② 課題をできるだけ正確に共有する

職員間の対話を通じて、組織・チームのメンバーが課題をできるだけ正確に共有しましょう。メンバー間で課題のとらえ方に差があると、課題を解決することについての重要性や緊急性の感じ方に違いが出ます。すると、課題の解決に取り組むことについて、納得感や共感が生まれず優先順位が低くなり、協働して取り組むことが難しくなります。

③ 課題解決の方法や役割分担を明確にする

課題解決について議論する機会をつくったら、不安を共有するだけではなく、具体的な課題解決のための方法を模索します。いつ（いつまでに）、どこで、誰が、何を、なぜ、どのように取り組むのかを、全員の合意のうえで決定します。

そして必ず、課題解決のための取り組みを一定期間（1週間～数か月）行った後、振り返りの場を設け成果を共有します。その後、役割分担や取り組みの方法などを軌道修正していきましょう。

チームで思いを共有する

　私が入職した当時、園の教育理念(当時は幼稚園)は、金子みすゞさんの詩の影響を受けた「みんな違って、みんないい」でした。「みんなが一緒に、同じことを同じようにできること」が評価されることが多い時代でしたが、その子らしさを大切にすることやみんなの違いを尊重し合うことで、素敵な社会が成り立っていることを前園長から教えてもらいました。「保育者の先生は目の前の子どもたち。わからないことがあれば、目の前の子どもたちを見ればわかる」とよく話していました。前園長は、子どもたち同様に保育者の思いも大切にしており、「園長の言うとおりにしなさい」とか、「伝統を大事にしなさい」などということなく、何事も職員全員で意見を出し合い、決めるという文化がありました。

　その後、認定こども園へ移行し、教育理念は現園長のもと、「みんな違ってみんないい、もっと違ってもっといい」にバージョンアップしました。職員数は3倍ほどに増え、私は主任から主幹保育教諭になりました。職員数が増え、働き方や雇用形態が多様になり、勤務シフトも複雑化し、今まで以上に子どもたちの育ちや、よりよい環境設定の構想、連絡事項、共通理解など、共有すべきことが増えたため、ICTを導入しました。もちろんそのような日常の情報共有は重要ですが、一番大切なのは、私たちの保育がどこを向いているのかという保育者同士の「思いの共有」だと思います。

　思いを共有するしくみづくりは、実は採用時から始まっています。私たちは、保育で大切にしていることを言語化して「フィロソフィーブック」を作成したり、オンラインで保育発表会を開催して、子どもの主体性を大切にしながら、一緒に保育を面白がってくれる仲間を探すようにしています。

　新入職員は、まず入職者研修を受けます。この研修では、子どもへの言葉遣いや接し方、食事や睡眠、生活にかかわることなど、私たちが大切にしている保育の思いを改めて説明します。基本的には、大人が嫌だと思うことは子どもにもしない、おむつ交換や鼻水を拭くなどで身体に触れるときには、赤ちゃんであっても本人の同意をもらうなど、「人」を相手に仕事をするうえで大切なことを確認します。

　通常の園内研修も、思いの共有に重要な役割を果たしています。園内研修は保育

者全員が参加できるように、保育時間内に同じ内容で月2回開催しています。

　内容は毎月さまざまですが、経験年数や雇用形態が違っても自由に発言できるように工夫しています。その工夫の一つが、小グループに分かれて、テーマについて、それぞれが付箋に意見を書き出し、その付箋を見ながら対話をする方法です。相手の意見を否定しない、最後までうなずき共感しながら聴くなどのルールがあるので、人前で発言するのが苦手な職員も安心して発言できます。グループでの話し合いが盛り上がり、振り返りの時間がなくなってしまうこともしばしばあるほどです。

　私たちの園が大切にしていることは、このような保育者同士の対話と共有です。各研修や会議で話し合った内容はその日のうちに、ICTを利用して共有します。また、0・1・2歳児クラスの月々の反省や振り返りには私も出席して、よい育ちが見えたところを語り合っています。それは、保育者一人だけでは見えなかったその子の素敵な成長を全員で共有する時間になります。

　自由に発言できて周りから否定されない雰囲気は、「〇〇をやってみたい」と気軽に相談できる風土へとつながります。たとえその挑戦がうまくいかなくても、みんなで反省点を出し合い、次へとつないでいけるようにしています。

　あるとき、入職4年目の職員が「運動会後に先生たちの運動会をしましょう」と提案してくれて、ダンスやリレー、綱引きをして大変盛り上がりました。一番楽しんでいたのはリーダーたちでした。どんなときも全力で楽しむチームでありたいと思います。私はいつも笑顔で過ごすようにしてきました。これからも一人だけで頑張ることなく、対話を大切に、一つひとつのことに向き合い、職員全員で成長し続けられるチームを目指したいと思います。

阿久根めぐみこども園

主幹保育教諭　本　京子

8.保育の方向性の 共有と合意形成

保育者の行動を支える価値観

　「保育の哲学は細部に宿る」といわれます。他者から見たり聞いたりすることができる子どもとのかかわり方や言葉かけなどの保育者の言動は、その保育者のもつ価値観に支えられています。

　保育における価値観の代表的なものに「子ども観」と「保育観」があります。子ども観とは、保育者が子どもをどのような存在としてとらえるかという子どもの見方であり、子ども観により保育のあり方が変わります。全国保育士会の活動の根本となる「全国保育士会倫理綱領」は、「すべての子どもは、豊かな愛情のなかで心身ともに健やかに育てられ、自ら伸びていく無限の可能性を持っています」という有能な子ども観を表した一文から始まっています。有能な子ども観をもつことにより、保育者は子どもが主体となるようなかかわりをすることができます。

　保育観とは、保育者が保育において大切にしたいことです。これらの価値観は、その保育者のこれまでの人生経験（保育経験も含む）により形成されます。当然、全く同じ人生経験をしている保育者はいないため、一人ひとりの保育者の価値観は違ってきます。ところが保育現場では、組織・チームとして価値観をすり合わせて、保育の目標や方向性を共有し、一貫性のある保育実践をしていかなければならないという難しさがあります。

■ 保育者の行動を支える価値観

言動：見たり、聞いたりできること
子どもとのかかわり方・言葉かけ 保育方法　など
価値観（マインド）：背景にあるもの、見えないもの
子ども観・保育観・信念・生き方 こだわり・考え方・大切にしていること
これまでの人生経験（保育経験含む）

納得感と共感のある妥協点を探る

　人は、一人ひとりの物語を生きています。子どもも、保育者も、保護者も、「わたしの物語」を生きています。園の保育の目標や方向性を共有することは、「わたしの物語」を紡いで「わたしたちの物語」をつくるいとなみです。そのような合意形成には、対話が不可欠です。

　また、物語は過去ではなく未来を形づくるためのものなので、完成することはなく、対話を継続しなければなりません。「わたしの物語」には愛着や執着があるため、合意形成にはさまざまな困難を感じるでしょう。しかし、時間をかけて対話をすることで、保育を考え深めていくヒントが得られます。そのため、対話のプロセスを豊かで充実した時間にすることが、リーダーの役割の一つです。豊かで充実したプロセスを共有することで、結論に対して納得感と共感が生まれます。合意形成とは納得感と共感のある妥協点を探ることです。

対話による価値観のすり合わせ

　保育者間で子どもへのかかわり方など、行動の違いについて指摘や批判をすると、人間関係の悪化につながる可能性があります。しかし、一人の保育者も昨日と今日で全く違う行動をとることがあります。なぜなら、保育者は子ども理解に基づきかかわりを修正するためです。そのため、保育者が互いの行動の違いを指摘し合うことはあまり意味がありません。

　それよりも、そもそも自分たちはどのような子どもの育ちを目指しているのか、そのような子どもの育ちにはどのような価値があると考えるのか、そして、そのためにどのような保育を行うのかということを、対話を通して合意形成していく必要があります。つまり、保育者間の連携には、保育者の行動の根拠となる価値観を対話により自覚化・言語化し、共有することが求められるということです。

　さて、保育者は保育を振り返ることで、子どもの行為・言葉の背景や、保育者のかかわりなどについて、実践の最中には気がつかなかったことや直感的に感じ取っていたことを意識化することが可能となります。一人ひとりの保育者が実践を振り返ることで得られたこれらの気づきや理解は、他の保育者との対話を通じて、整理されたり関連づけられたりすることで、次第に体系化されていきます。また、保育の改善・充実に向けた検討を行うなかで、自分たちの保育の方向性や自分たちが保育において大切にしていること、現状の保育の課題とその改善・充実の方策が明確化されていきます。

　このように、保育者間の対話や、保育実践を通して保育の見方や考え方について振り返ることで、価値観を意識化することができ、保育を考え深めていく際の糸口となります。

■保育の過程に位置づけられる保育内容等の評価

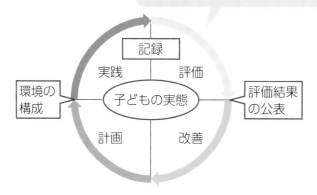

子どもや保育についての気づきと理解
改善の方針や目標と具体的な手立て
保育において大切にしていることや課題
〈意識化・体系化・明確化・共有〉

記録
実践　評価
環境の構成　子どもの実態　評価結果の公表
計画　改善

資料：厚生労働省「保育所における自己評価ガイドライン（2020年改訂版）」3頁，
2020年をもとに著者作図

対話を通して自分たちの保育を語れるようになる

　保育には保育者間の対話が不可欠です。その理由の一つは、職員が自分たちの保育を語る言葉をもつ必要があるからです。もちろん、幼稚園教育要領や保育所保育指針、幼保連携型認定こども園教育・保育要領、また倫理綱領や各園の保育理念などの言葉を引用することで、保育を説明することはできます。

　ただし、保育者間の対話ができていないと、同じ言葉を使っていても解釈がバラバラである場合があります。たとえば、子どもの「主体性」という言葉が使われますが、「主体性」とは子どものどのような姿を表すのか、また「主体性」がなぜ大事なのかという理由について、保育者間で共通認識ができているでしょうか。それぞれの園には個性（子どもの違い、保護者の違い、職員の違い、組織風土の違い、地域や文化の違いなど）があります。だからこそ対話を通して、自分たちの保育を語る言葉を見つけていかなければなりません。ある園では、会議や園内研修での対話を通して、園独自の「保育事典」をつくっています。

　保育者が自分の言葉で園の保育を語れるようになることは、保育の説明責任を果たすだけではなく、園の保育に対して当事者意識をもつ（コミットメントする）ことになります。そして保育者各々が、やりがいを感じながら自分たちの保育を実践していくことができます。リーダーだけではなく、一人ひとりが自分の言葉で園の保育を説明できるようになるために、対話の機会を確保しましょう。

園だけで完結させない保育

　保育者間で保育についての対話を行うことで、組織・チーム全体で保育の方向性が共有されることになります。また、自分たちの保育の方向性を保護者や地域に公開・発信することで、保護者や地域からの理解を得ることができます。子どもの成長に対する喜びを共有することを土台として、保育において大切にしていることや、育ってほしい子どもの育ちの姿、環境の意図や生活の流れ、行事のあり方などについて、わかりやすく情報を公開・発信していきましょう。

　さらに、保護者や地域も対話に巻き込むことで、子どもの育ちや保育の質の向上という目的に向かって協働・連携することができるようになるでしょう。組織・チーム内だけで対話を完結させていては思いつかないような、保育をよりよくするアイデアに出会うこともあるでしょう。

■保護者や地域と保育を共有する

ケース 1 話し合いをしても結論が出ない

リーダーの悩み

保育についての話し合いをしていても、平行線で結論が出ません。忙しいなかでせっかく話し合いの時間を確保しても、成果が出ないので時間を無駄にしているように感じます。
また、話し合いと実践をどのようにつなげたらよいかわかりません。

実践アドバイス

　保育についての話し合いは、結論を出すことだけが目的ではありません。保育者は一人ひとり、「こんな保育がしたい」という保育への思いや、「こんなふうに育ってほしい」という子どもの育ちへの思いをもっています。保育者同士の話し合いの場とは、それらの思いを共有する場でもあります。豊かで充実した対話のプロセスを共有することで、結論に納得感と共感が生まれます。

　また、チームの課題を共有することや、場の共有、感情の共有、苦労の共有によりチームとしての一体感が増し、互いにチームに貢献しようという姿勢が生まれます。保育者間で十分に議論をし、時間内に結論を出すという成果ももちろん大事ですが、それ以外の成果があるということを忘れないようにしましょう。そのためには、豊かで充実した対話のプロセスとなるようなリーダーの支援が必要です。

解決策

① メンバー間の理解を促進する

　リーダーは適宜、メンバーが話したこと、あるいは話したかったことを、自分の言葉でくり返し要約してみましょう。リーダー自身が十分に話の内容を理解できていたとしても、メンバー間で共通理解ができていないと感じたら、「なるほど、〜ということですね」「〜ということじゃないですか？」という確認をくり返すことで、メンバー間の理解が促進されます。

② 自分の言葉で語る時間を多くとる

　話を一方的に聞くだけの時間が多いと、チームが今取り組んでいる課題に対してメンバーは受け身になってしまいます。リーダーは一方的にメンバーを説得しようとするのではなく、適宜、問いかけながらメンバーそれぞれが自分の言葉で保育を語ることを促しましょう。自分の言葉で語る経験を重ねることで、少しずつメンバーが自己の考えを語ることがうまくなり、議論の積み重ねができるようになっていきます。

③ 実践を通して考え続ける姿勢

　時間内に会議の結論を出さなければならないと考えると、最終的にリーダーが結論を出してしまうことがあります。それでは、せっかく充実した議論の時間を共有しても、メンバーは「話し合いは無駄だった」と感じてしまいます。無理に結論を出すのではなく、「実践を通して考え続けよう」と投げかけることで、安易に結論を出すのではなく、常に課題意識をもち、最善の保育について考え続けようという姿勢につながります。

結論を出すことも大切だが、考え続けようとする姿勢が育まれることも大切

ケース
2 話し合いの時間が 情報共有や確認で終わってしまう

リーダーの悩み

どのように保育についての話し合いをしたらよいかわかりません。せっかく時間をつくっても情報共有や確認など表面的な話で終わってしまいます。
職員が互いに充実感を感じながら有意義な話し合いをするにはどうしたらよいかがわかりません。

実践アドバイス

　保育現場で対話ができない理由の一つは、対話の時間が確保できないということです。対話の時間の確保が難しいのは、保育現場が忙しいという理由だけではありません。対話をすることの意義や目的が理解できず、時間があっても「対話をする」ということの優先順位が低いため、雑務などに時間を割いてしまうからです。対話をすることの優先順位を上げるためには、「子ども理解が深まった」「今後の保育ついてどのように改善すればよいかヒントが得られた」「自分たちの保育の方向性や大切にしていることについて明確化され共有ができた」といった話し合いの成果を得られることが重要です。つまり、対話をすることの意義や目的について、体験を通して理解する必要があるということです。

　また、対話のやり方がわからないと、会議や研修などにおいて話し合うことに対して苦手意識を抱いてしまいます。まずは互いにていねいに伝え合い、聴き合う時間をつくり、「話してみてよかった」と感じられるような成功体験を積み重ねられるようにしましょう。

1 互いにインタビューをする

インタビューシートを用意し、二人一組で互いにインタビューをしましょう。インタビューシートには、「最近経験した素敵だなと感じた保育のエピソードを教えてください」などと、具体的な質問内容を書いておきます。質問されると、自分のことに関心をもってもらえていると感じ安心感につながります。また、相手の話を傾聴するという姿勢が身につきます。

2 エピソードから思いを引き出す

インタビューは保育中のエピソードなど、具体的な経験を質問することから始め、そこからさらに抽象的な質問へと展開していくとよいでしょう。たとえば、「エピソードを語ることを通して、あなたが保育において大切にしていることは何だと思いましたか？」という質問で保育観を聞いたり、「どのような子どもに育ってほしいと考えていますか？」という、育ってほしい子どもの姿など、保育者のもつ思い（価値観）を言語化できるようにします。

3 共通項を見つける

どのように子どもにかかわるかといった具体的な行動は、保育者によって違うことがあります。ただし抽象的な質問をすると、共通項が見つかりやすくなります。たとえば、「子どもの気持ちに寄り添いたい」という思いは、基本的に誰しも大切にしたいと考えています。抽象度を上げることで、共通項が見つかり、互いに納得感があり共感できる保育の方向性を共有することができます。

ケース 3 保護者に園の思いが伝わらず連携や協働が難しい

リーダーの悩み

保護者とも保育の方向性を共有したいのですが、こちらの思いがなかなか保護者に伝わりません。
また、保護者や地域と連携や協働をすることの大切さは理解していますが、どのように進めていったらよいかわかりません。

実践アドバイス

　保護者からの協力を得るためには、自分たちの保育の方向性や意義を説明し、共感を得なければなりません。「保育への共感なしに協力はなし」と肝に銘じましょう。そのため、まずはドキュメンテーションやICTを活用し、保育の見える化を図ります。「百聞は一見に如かず」ですので、写真を多く取り入れましょう。「楽しく遊んでいました」と文章で伝えるよりも、子どもの笑顔の写真を一枚でも入れるほうが説得力があります。ただし、前提条件として「職員が自分たちの保育についてしっかりと語ることができる」ことが求められます。

　保育者からの説明に齟齬がある場合、保護者は不信感を抱きます。また、日々の保育を見える化するだけでは不十分です。見える化により、日常的に保護者と保育者の対話が起こりやすくなり、子どもの育ちという目的を共有した横並びの関係を築いていくことが重要です。

ドキュメンテーション……もともとイタリアのレッジョ・エミリア市で生み出された記録様式。保護者への単なる発信物ではなく、「学びのプロセスを可視化する対話のツール」

解決策

1 保護者に保育の価値観を伝える

保育の内容だけではなく、自分たちの保育の価値観も伝えるようにしましょう。たとえば、行事の当日まで子どもたちがどのように準備をしたのか、そしてそのプロセスのなかで子どもたちが何を経験しどのような育ちが見られたのかを掲示します。すると、子どもの育ちを「できた・できない」という点だけでとらえるのではなく、プロセスも含めて線でとらえるという保育についての価値観を伝えることができます。

2 参加型の保護者会を実施する

一方的に保育者の説明や報告を聞く形から、参加型の保護者会に変えましょう。たとえば、保護者と保育者（例：保護者5名と担任保育者1名で3グループ、保護者5名とリーダー保育者1名で1グループをつくる）が小グループになり、日頃の子どもの様子について語り合い、日常の保育への疑問を共有する時間をとります。ICTを活用して、オンライン参加型の保護者会を実施することもできます。

3 保護者と協働で保育をつくる

日常の保育について「理解してもらう」という段階と、「協力してもらう」という段階を経て、「協働で保育をつくる」関係性に発展させていきましょう。子どもは園だけではなく、家庭や地域のなかでも学び成長します。保護者や地域住民と保育について語り合う場を設け、子どもが育つコミュニティづくりを目指しましょう。

共通の目的：子どもの育ち

保育者　　保護者・地域住民

ICT……Information and Communication Technology の略であり、情報通信技術と訳される。パソコンやインターネットを使った情報処理や通信により、情報や知識の共有・伝達をより効率的にするもの。保育現場における業務をICT導入で効率化することにより、仕事環境の改善を目指すことができる

9.効果的なOJT

体験学習の循環過程を回す

保育現場は忙しいですが、毎日の保育を体験するだけでは、保育者は成長していくことができません。日常の保育の体験から学び、成長するために、体験学習の循環過程を回しましょう。

■ 体験学習の循環過程[1]

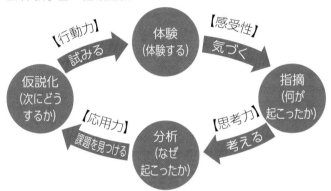

体験学習の循環過程は、「体験−指摘−分析−仮説化」の4つのステップで成り立っています。今日一日の体験を振り返り、子どもはどのような様子であったか、子どもの遊びがどのように展開していったかということとともに、自分はどのようなことを感じたり考えていたか、どんな行動（保育者のかかわりや環境構成）をとったかなど、感受性を活かしてそこで起こったさまざまなことに目を向けます（指摘）。

そして、気づいたことについて記録を書くなどして思い起こし、なぜ起こったのか、どんな状況であったかなどを考え分析します（分析）。そのことから、次にどうしたらよいか、自分の行動目標を決めます（仮説化）。そして、日常の保育のなかでその行動目標を試みます（体験）。

このように「体験−指摘−分析−仮説化」の4つのステップをOJTに取り入れることによって、日々の体験から学びや気づきを得ることができ、成長が促されます。

なお、4つのステップは、保育者が一人で行っても意味はありますが、リーダーや他の保育者との対話を通して互いに指摘や分析を行うことで、多面的に体験を振り返ることができ、より多くの気づきや学びを得やすくなります。

＊1参考：日本体験学習研究所監，津村俊充編『実践 人間関係づくりファシリテーション』金子書房，120頁，2013年をもとに著者作図

習う準備を促す

　さて、新人育成を例に挙げて、ＯＪＴをどのように進めていけばよいかを考えていきましょう。まず、新人保育者が新しい状況に直面する前には、事前の「準備」を促すことが大切です。「準備」については、すべてを本人任せにしてはいけません。新人職員は、新しい職場に順応できるかどうかという戸惑いや先輩保育者等からの期待に応えられるかという不安を抱いています。

　さらに、保育についても何が正しいのか理解できません。そこで、事前に、園の保育方針や仕事の手順などを伝え、十分に「準備」できるように配慮しましょう。「準備」が十分にできていないと、新しい状況や課題に対して期待ではなく恐れを抱くことになります。

　実際に仕事が始まり、さまざまな状況や課題に直面する（遭遇する）ときには、周囲からのサポートが必要です。サポートが得られないと、状況や課題に対して悲観的になり、前向きに取り組むことができなくなる可能性があります。サポートを受けることで少しずつ仕事や職場に「順応」することができてきますが、新人職員が自信をつけるためには、初期に成功体験があることが重要です。

　たとえば、子どもと心を通わせる体験や、保護者から感謝の気持ちを伝えられたことなど、小さな成功体験をすることで、仕事に対するやる気や自己成長への意欲につながってきます。達成が難しい目標を与えるのではなく、リーダーが小さな成功体験に気づき一緒に喜びを共有することが求められます。

　そのようなリーダーのかかわりによって、新人職員は最終的に仕事や職場に慣れ、「安定化」

■ 「準備」「遭遇」「順応」「安定化」のサイクル[2]

第1段階
準備

第2段階
遭遇

第3段階
順応

第4段階
安定化

*2 参考：金井壽宏『働くひとのためのキャリア・デザイン』PHP新書，2002年，86-87頁をもとに著者作図

していきます。このようなOJTのやり方は、新人育成だけではなく職員育成やリーダー育成にも当てはめることができます。このサイクルを一巡すると、また次の新しい状況や課題に向かって、同じようにサイクルをくり返していくことになります。先述の体験学習の循環過程と同様に、まずはこの循環を、育成する職員にくり返し体験してもらうことから始めましょう。循環過程を回すことの重要性を本人が体験を通して理解できると、徐々に支援や誘導がなくても、自分で意識的に循環過程を回せるようになっていきます。

スモールステップの目標設定

　さて、リーダーが職員に対して過度な期待を抱くと、期待に応えられず自信を失うことになります。また、職員が自分で高すぎる目標設定をして、達成できずにやる気を失う場合もあります。そのため、リーダーと職員はともに話し合いながら、適度な目標を設定することが求められます。その際は、スモールステップの目標設定を心がけましょう。

　たとえば、子どもの育ちに対するねらいは、「心情・意欲・態度」で表現できます。これを保育者の育ちに置き換えて考えてみましょう。「子どもの主体性を尊重した保育実践ができる」という目標達成をスモールステップにしてみると、心情（子どもの主体性を尊重した保育について理解している）、意欲（そのような保育を実践しようとしている）、態度（実践できている）となります。いきなり100点満点を求めるのではなく、目標をスモールステップで設定しましょう。

　小さな目標を達成することができると、達成感を得て自信をつけることができます。夢や理想をもつことは成長のための原動力となりますが、リーダーとの対話のなかで職員が現状の自分を正確にとらえる、現実的に達成可能な目標設定をすることが求められます。

■スモールステップの目標設定

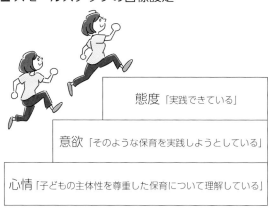

態度「実践できている」

意欲「そのような保育を実践しようとしている」

心情「子どもの主体性を尊重した保育について理解している」

気づきや変化を促すフィードバック

　現状の自分を正確にとらえることができるように、リーダーは職員に対してフィードバックを行いましょう。

　フィードバックとは、自分では気づけない客観的な事実を他者から教えてもらうことです。たとえば、新任・初任保育者は保育経験が浅く知識も少ないため、保育の視点がまだ身についていない場合があります。リーダーは自分が気づいていることや感じていることをフィードバックし、新任・初任保育者の気づきや学びを促進していく必要があります。

　フィードバックにはいくつか伝える際のポイントがあります。まずは、できるだけ良い・悪いを判断せず、ありのままの具体的な事実を伝えるようにすることです。そして、あのとき、あの場で起こったことであることを強調します。「あなたはいつも〇〇だよね」というような、過度に一般化した言い方にならないようにしましょう。そして、フィードバックを相手に押し付けないということも大切です。そのフィードバックを受け取るかどうか、そして、相手が変わろうとするかどうかは相手に任せます。また、私を主語にしたアイ・メッセージで伝えるようにしましょう。

　フィードバックは気づきや変化を促すことになりますが、一方で、お互いに耳の痛いことを伝え合うことになります。フィードバックの基盤となる職員同士の信頼関係がない状態では、関係性の悪化につながるおそれがあります。そのため、まずは信頼関係の構築を目指しましょう。リーダーの組織・チームに及ぼす影響力は大きいので、リーダーと職員一人ひとりの信頼関係の構築から始め、その後、職員相互の関係性向上に取り組みましょう。

　リーダーがともに課題を共有し、悩み考えるメンバーの一人として、感じていることや気づいていることを勇気をもってオープンに伝えることで、メンバーが主体的に自分たちの葛藤を扱おうとしたり、困難な状況に立ち向かっていこうとする推進力を生みます。そして、最終的にはリーダーだけではなく、組織・チームのメンバーが互いにフィードバックを伝え合い、育み合うことができる関係性を目指しましょう。

■ フィードバックの例

「ちょっと立ち止まって、ここで
何が起こっているか考えてみましょう」
「私が気づいたことをここで共有した
いのですが…」
「私は…と思います」
「私は…と感じています」
「私は…という印象をもっています」
「今、私が体験していることは…」
「私は…という気がしています」

ケース 1 保育から学びや気づきを得ることができず専門性が向上しない

リーダーの悩み

職員が日々の保育をとにかくこなしているという状態です。専門性の向上のために、保育から学びや気づきを得ることのできる循環を生み出したいと考えていますが、リーダーとしてどのように支援すればよいかわかりません。

実践アドバイス

　保育は、保育の記録や保育者間の対話等を通じて計画と保育の実践を振り返り、次の計画の作成に活かすという循環的な過程を通して行われるものです。そして、その循環的な過程は同じところをくり返し回っているのではなく、螺旋のように上昇する循環です。つまり、循環とともに保育の質が向上していくことや、子どもにとってよりよい保育に近づいていくという変化が期待されます。

　保育者も同様に、日々の保育の実践を振り返ることで、学びや気づきを得て、専門性を向上させることができます。保育現場は毎日忙しいですが、体験学習の循環過程を回すことが求められます。そのためリーダーは、メンバーが日々の保育実践から学び、成長するための多様な支援を行うようにしましょう。

解決策

1 同僚性を構築する

リーダーはチーム内に同僚性を構築するようにしましょう。同僚性とは、「指導する－指導される」という一方的な関係ではなく、互いに率直なフィードバックを伝え合い、互いに保育の質の向上のために切磋琢磨できる関係性です。そのためには、保育を振り返り、計画を立て実践するという、保育の循環的な過程をメンバー全員で、共同で行うようにしましょう。保育の経験の差により、メンバー間に上下関係や主従関係ができてしまうと、一部のメンバーは受け身的になってしまい、自分で考えなくなってしまいます。

2 学び方を学ぶ

保育者は、保育経験を通して保育の勘やコツといった実践知を身につけることができます。ただそのためには、新人の段階で「学び方を学ぶ」ことが重要です。

リーダーは、保育の循環的な過程や、体験学習の意義や方法について理解し、保育者が段階的に、自分で意識的に循環過程を回すことができるように支援や誘導を行いましょう。

3 チームで保育を振り返る

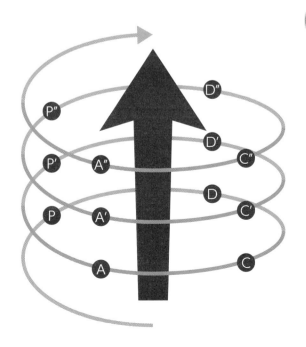

個人的に指摘や指導をされると、リーダーに否定されたとか、批判されたと感じてしまい、関係が悪化するおそれがあります。リーダーが気づいたことを指摘し、メンバーを成長・変化させようとするのではなく、チームで保育実践を振り返りましょう。互いに指摘し合い、分析することで、多様な学びや気づきを得ることができます。

Ⓟ計画→Ⓓ実践→Ⓒ評価（振り返り）→Ⓐ改善→Ⓟ次の計画へという、チームで螺旋のように上昇する循環をくり返し保育の質向上の手応えを感じることが大切です。

ケース2 リーダーの指摘に職員が 自信をなくしてしまう

リーダーの悩み

保育や仕事について指摘をすると、職員が傷つき自信をなくしてしまいます。リーダーとして伝えるべきことを伝えているつもりですが、こちらの思いが伝わらないもどかしさを感じています。

実践アドバイス

　リーダーが保育や仕事に関して指摘をすると、できるだけ配慮して伝えたつもりでも、相手が傷ついてしまうことがあります。そのようなとき、リーダーは自分のフィードバックのあり方について振り返ってみましょう。リーダーが自分の不安や不満を解消しようとしていたり、指摘や批判をすることで相手を思い通りにコントロールしようという思惑があると、相手は心のシャッターを下ろしてしまいます。相手が受け入れやすいフィードバックには、リーダーが真に相手の成長を願っているかどうかが重要です。

　また、相手が成長・変化するタイミングやきっかけを強制することはできません。適切なフィードバックを行っても、相手に押し付けず、受け取るかどうかは相手に任せましょう。リーダーがメンバーの一人として、感じていることや気づいていることを、勇気をもってオープンに伝えることで、メンバーが保育の質向上のために、互いに率直に意見を伝え合おうという関係性につながります。

解決策

1 まずは共感から

保育と同様、支援は相手の理解が起点となります。メンバーに対して「なぜできないのか？」「なぜあのようなことをするのだろう？」という疑問がリーダーのなかに生まれてきたら、相手を十分に理解できていないサインです。フィードバックを伝える前に、まずはメンバーの話を聴き、相手の立場に立てるようにしましょう。

まずは相手がどこに困難を感じているのか、何に困っているのかに共感できるまで、話を聴いてみましょう。

2 具体的な事実を伝えるフィードバック

フィードバックはできるだけ具体的に伝えます。「あまり子どもが見えてない」とか「もっとしっかり子どもに寄り添って」などという伝え方は抽象的で、どう改善したらよいのかわかりません。たとえば、「○○という状況のときに、○○のようなことが起こっている」というように、具体的な事実を挙げましょう。そして、良い・悪いという評価はできるだけ避け、「あのとき、あの場で起こったこと」であることを強調します。相手に「いつも○○だよね」とレッテルを貼らないようにしましょう。

3 ほめ言葉のサンドイッチ

フィードバックは、必ず「私は」（第1人称）で伝えます。そして、できれば「良かった点2つ」と「改善点1つ」を伝えます。つまり、ほめ言葉で「改善点」を挟み込みます。これを「ほめ言葉のサンドイッチ」といいます。相手をまず認め、それから「もっとこうしたらさらによくなるよ」という改善点（問題点ではない）を伝えることで、相手もフィードバックを受け入れやすくなります。

Aという状況のとき Bのようなことが 起こっている

× 自分の不安や不満を解消しようとしていたり、指摘や批判をすることで相手を思い通りにコントロールしようとする。

○ リーダーが真に相手の成長を願っている。フィードバックを行っても、相手に押し付けず、受け取るかどうかは相手に任せる。

ケース3 実習生に対して適切な指導を行う余裕がない

実習に対応する余裕がなく、実習生に対して適切な指導が行えていません。実習生の指導をすることが、日常の保育の負担になると感じていて、前向きに取り組めません。

　保護者や社会からの保育現場に対するニーズは多様化・複雑化しており、人材確保と、専門性をもった保育者の人材育成が求められています。しかし、日々忙しい保育現場において、実習生を受け入れても適切な指導をする余裕がないと感じることも多いでしょう。

　しかし、実習生が実習施設へ就職することもあります。あるアンケート調査*によると、養成校の学生が一般職に就くことを決めた理由は、「実習で保育をすることに自信をもつことができなかったから」が約4割を占めています。保育業界として保育人材を確保していくためにも、よりよい実習指導が求められています。しかし、実習生を受け入れるクラス担当の保育者に期待し任せるだけでは、負担感ばかりが強くなります。まずは、組織・チームとして実習生を受け入れる意味や意義について共通理解を図り、実習にかかわる責任、権限、業務の明確化を図りましょう。

*一般社団法人全国保育士養成協議会「指定保育士養成施設卒業者の内定先等に関する調査研究研究報告書」164頁，2019年

1 実習生のアセスメントを行う

組織・チームとして実習生を受け入れる意味や意義について共通認識をもつ

実習にかかわる責任、権限、業務の明確化

実習生のアセスメントを行う

実習生が安心感と信頼感をもって活動できるよう、実習生の主体としての思いや願いを受け止めるとともに、実習生がさまざまな経験を積んでいくことができるよう配慮した実習指導が求められます。そして、実習生のニーズや実習課題と実習の進捗状況について、実習評価表の項目などを参考に実習生の学びに関するアセスメントを行い、実習指導のあり方について軌道修正しましょう。

2 ミドルリーダーの育ちの機会とする

実習生の指導を任せることで、ミドルリーダーは組織・チームの一員として貢献することになり、貢献感を得ることができます。また、実習生の指導において、保育の循環的な過程をあらためて実感することができたり、自園の保育方針について語ることが求められるため、指導を通して自己の保育者としての成長を実感し自信をつけることにもつながるでしょう。

3 実習生から保育の気づきを得る

「指導する一指導される」という上下関係ではなく、同僚性をもって実習生を受け入れるような体制をつくり、実習生とともに保育を振り返り、質の向上について対話します。同じ園で働いていると知らず知らずのうちに、保育における「当たり前」が増え、立ち止まって考えることを省いてしまいます。

実習生の純粋な「なぜ？」に答えることが、あらためて自分たちの保育について振り返る機会となるでしょう。

10.保育の質の向上

保育の質とは？

　保育の質は、「子どもの経験の豊かさと、それを支える保育士等による保育の実践や人的・物的環境からその国の文化・社会的背景、歴史的経緯に至るまで、多層的で多様な要素により成り立つ」と指摘されています*。

　つまり、保育の質は、保育者個人の努力だけに支えられているのではなく、園組織、自治体・国での取り組みや方針などからも影響を受け支えられているということです。そして、保育の質の確保・向上のためには、「多様な立場の関係者が、保育所保育指針を共通の基盤として、多面的・多角的に保育の現状を捉え、主体的・継続的・協同的に改善・充実を図っていくことが重要」であるといわれています**。

　そのため、まずは保育所保育指針や幼稚園教育要領、幼保連携型認定こども園教育・保育要領、児童福祉法、子どもの権利に関する条約、関係法令等、現代の保育を支える基本的な考え方について職員間の共通理解を図ることが求められます。そして、子どもや家庭、地域の実態、保育所に対する社会の要請、保護者の意向などを把握しつつ、各園の保育の理念、目標、方針等について保育者間の対話を通して共通理解を図ります。つまり、保育の基本を理解しつつ、「私たちは何を保育の質ととらえるのか」について話し合いを行います。

■ 保育の質の多層的な構造の例

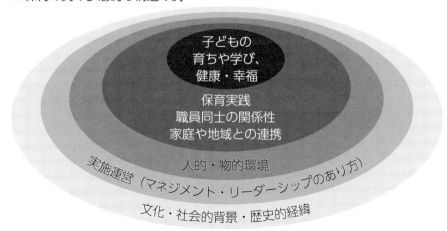

保育の質は多層的で多様な要素により成り立っている

*および**
資料：厚生労働省「保育所等における保育の質の確保・向上に関する検討会　議論のとりまとめ「中間的な論点の整理」における総論的事項に関する考察を中心に」2020年

保育者は基本的に、人に貢献したい、役に立ちたいという思いをもっている人が多いと思います。つまり、子どもにとって一番良い保育をしたいという思いをもっています。そのため、納得感のない保育を行うことには矛盾を感じ、疲弊してしまいます。リーダーが自分の保育観を押しつけるのではなく、自分たちの目指したい保育や、どのような子どもの育ちに価値を置くのかについて、保育者間の対話を通して継続的に考えていくことが求められます。

　ある園では、保育補助者にも保育を語ってもらう機会を確保しています。どのような立場であっても、保育や子どもへの思いをもって保育をしているため、個々の思いを尊重する組織やリーダーの姿勢が求められます。

「手段と目的」と「目的と手段」

　保育の「目的」について対話をする機会をもちましょう。「どのように保育をするのか」という手段についてのみ議論することが多くなってしまいますが、「そもそも」「なぜ」「何のために」という目的について対話をすることが大切です。

　何十年と続いている園では、いつの間にか保育において「当たり前」が増えていきます。今までやってきた限られた「手段」で、どうやって子どもの育ちという「目的」を達成しようとするのかを考えるのではなく、「目的」の達成のために最適な「手段」を考えるという順序が重要です。限られた「手段」によって子どもの育ちという「目的」を達成しようとすると、保育に柔軟性や創造性が失われます。また、目の前の子どもの姿を理解しようとしなくなるおそれもあります。そのため、「そもそも」「なぜ」「何のために」という目的から、保育の方法・内容という手段について検討するという順序が求められます。

■目的から最適な手段を考える

限られた手段により目的を達成しようとするのではなく、
目的の達成のために最適な手段を検討する

　また、「そもそも」「なぜ」「何のために」という対話は、互いの保育を支えている価値観への理解の深まりが促されます。つまり、より深い相互理解が促進されることになります。そのような対話は、結論を出すことを目的とするのではなく、自分たちの答えや保育で大切にしたいことを、話し合いにより少しずつ共有し見出していくために必要なプロセスとなります。

子どもの姿に答えがある

　忙しい保育現場において、限られた時間内に結論を出すことは非常に難しいと感じるでしょう。特に、一人ひとりが率直に発言をするようになると、多様な意見をどのようにまとめたらよいかわからなくなり、結局リーダーが時間内に結論を出すということになりかねません。そのため、対話は実践と往還するようにしましょう。つまり、対話の場で答えを出すことを保留し、実際に現場での実践を通して検討を続けるということです。

　保育の質をとらえるにあたっては、「子どもにとってどうなのか」という視点を基本とすることが大切です。たとえば、対話を通して新しい室内環境にした場合、その環境と子どもとの相互作用を観察し、子どもの興味・関心や発達に応じて環境を修正します。そして、自分たちの保育実践が「子どもにとってどうなのか」という視点で、保育を自己評価していくということです。結論を出すことを急ぐのではなく、実践との往還により自分たちの保育の質を主体的・継続的・協同的に改善・充実を図ろうとする姿勢を養う必要があります。

現状を正しく認識し、理想を高くもつ

　研修や会議などで対話の場を設け、結論が出るとその場に参加した職員は、すでに問題が解決し、保育の質が向上したかのような気分になります。これは参加型研修や会議で気をつけなければならない落とし穴です。話が盛り上がることで、一種の興奮状態となることはモチベーションの向上にはつながりますが、対話だけで満足していても保育は変わりません。

　保育の質を向上させていこうとする姿勢を養うには、理想の保育や子どもの育ちという「理想を描く」だけではなく、効果的な振り返りを行い、自分たちで「現状を正しく認識すること」との両方が求められます。

　たとえば、「目指したい子どもの育ち」や「子どもが主体となる保育の実現」という「理想」を描くだけではなく、「実際の子どもの育ちの姿」について観察を行ったり、「保育のチェックリ

ストをつける」ことにより「現実」を正確に捉えることで、「理想」と「現実」との乖離が見えてきます。そのギャップを職員間でしっかりと認識し、創造的緊張として維持することができると、組織・チームに「現実」を「理想」に近づける創造的エネルギーが生み出されます。

■ 理想と現実のギャップは創造的エネルギーの源*

夢・理想を描く

ギャップを認識することで、
創造的エネルギーが生まれる

現実を正確に捉える

保育の質を向上し続けるために

　ちなみに、この緊張が緩むのは、行動することで現実が理想に近づいたときか、理想を下げるかあきらめるときです。自分たちの保育の質を主体的・継続的・協同的に改善・充実を図るためには、「変えていこう」とする創造的エネルギーが必要です。現実が理想に近づくと、創造的緊張が緩み、創造的エネルギーが弱まります。そこで、またより高い「理想」を描き職員間で共有することで、緊張が保たれます。

　「理想を描くこと」と、「現状を正しく認識すること」により創造的緊張を保つことで、保育の質を向上させることにつながります。リーダーは職員のやる気を引き出し、その気にさせるだけではなく、現実の変化を後押しするためにどのような支援ができるのかを常に考えるようにしましょう。

*参考：ピーター・センゲ『学習する組織』英治出版，207頁，2011年をもとに著者作図

10.保育の質の向上

ケース 1 保育の質の向上を目指したいが、何から始めたらよいかわからない

リーダーの悩み

保育の質の向上に取り組みたいと考えていますが、何から始めたらよいかわかりません。本を読めば読むほど、保育の奥深さを知ることはできるのですが、それを自分たちが実践することの難しさを感じています。

実践アドバイス

　ニュージーランドの乳幼児教育カリキュラムであるテ・ファリキの冒頭には、「子どもは有能で自信に満ちた学び手である」という宣言があり、「私たちの見方が、私たちの子どもへのはたらきかけ方に影響を及ぼす」「私たちの見方が、子どもたちの『自分は自信に満ち有能である』という感覚に影響を及ぼす」という2つの文が続いています。

　保育者のもつ価値観によって、保育のあり方や子どもの育ちは変わってきます。保育の質向上の取り組みの最初の一歩として、保育を支える価値観についての対話から取り組んでみてもよいでしょう。

　価値観についての対話を行う際に意識したほうがよいのは、「抽象」と「具体」を行き来することです。たとえば、「私たちが考える目指したい保育とは何か？」というリーダーの問いかけにより、「子どもがあるがままにその子らしく生きる」という結論が出たとします。この結論は非常に抽象的ですので、保育の質向上にはつながりません。そこで、次に「そのような保育を実現するためにどのような保育者のかかわりが求められますか？」と問いかけ、具体化することで、明日からの保育が変わることが期待できます。

解決策

1　子ども観を語る

「子どもをどのような存在だととらえています
か？　また、どのような子どもの姿から、そのよ
うな子ども観につながりましたか？」という問い
を共有し、それぞれの子ども観と、その子ども観
に至った保育経験について対話をしましょう。実
際の子どもの姿と照らし合わせることで、保育者
が有能な子ども観に至ることが促されます。

　具体的なエピソード（具体）からとらえられる子
ども観（抽象）について対話をしてもよいでしょう。

具体的
には…？

抽象　　　　　具体

それって
つまり…？

抽象と具体を行き来する

2　子ども像を語る

　子ども像とは、自分たちの保育を通して育って
ほしい子どもの姿です。職員間の対話を通して、
子どもの育ちについての理想や夢を描きましょ
う。その際には、「将来に備えて○○の力が必要
である」という望ましい未来をつくり出す力の基
礎を培うことだけではなく、「子どもが現在を最
もよく生きること」について、バランスを意識し
て議論ができるように、リーダーは意識しましょ
う。

3　保育観を語る

　保育観とは、保育において何を大切にするのか
という価値観で、保育者の保育実践や援助方法を
決定するのに大きく影響しています。子ども像
（抽象）が共有できたら、そのような子どもの育
ちにつながる具体的な保育のあり方（具体）につ
いて考えていきましょう。そして、実際の保育や
子どもの育ちと照らし合わせることで、現在の保
育の課題が明らかになり、今後の取り組みについ
て議論を進めていくことができます。

ケース 2 子ども主体の保育に変えることに職員が消極的

リーダーの悩み

子どもの主体性を尊重した保育へと変えていきたいと考えているのですが、職員は戸惑うばかりで、積極的に取り組む姿勢が見られません。現状に満足しているのでしょうか。なぜ前向きに取り組もうとしないのか理解できません。

実践アドバイス

　子どもの主体性を尊重した保育へと変えていくことの重要性をリーダーが認識していても、組織・チームとして共通認識をもち、実践していくことに難しさを感じることもあるでしょう。理想を高くもつことはよいことですが、リーダーの理想の押しつけはメンバーにとっては「しなければならないこと（Must）」として伝わってしまい、ノルマを与えられたように感じてしまいます。

　まずは、そもそもなぜ子どもの主体性を尊重することが大切なのか、という理由について考える「そもそも対話」の時間を設けましょう。そして、いきなり高い理想の実現を目指すのではなく、現状の保育が100点満点中10点であるなら、20点～30点になるには、どのような組織・チームへのアプローチが有効であるのかを考えましょう。また、理想の実現のためには、「これから取り組むべきこと」だけではなく、「すでにできていること」に注目することも大切です。

1 フレームワークを活用した対話をする

子どもの主体性を尊重する保育の実現のために、組織やチームの変化を促す効果的で具体的なアプローチを考えましょう。たとえば、「子ども理解を起点とした保育」の重要性に職員が気づくために、枠組み（フレームワーク）を活用した対話に取り組むことができます。月に一度、各クラスで1か月間の子どもの姿を共有した後、どのように育ってほしいのかについて対話をします。そして、子どもの生活や遊びの様子に合わせた保育環境の充実について話し合います。

フレームワークを用いた対話の例
①②③の順に付箋を使って話し合う。

①子どもの姿の振り返り（子どもの発達や興味・関心、心身の状態、家庭や地域などの状況 など）	②どのように育ってほしいかどのような力を育みたいかどのような経験が必要か	③子どもの生活や遊びの様子に合わせた保育環境の充実

2 子どもの権利を再認識して「そもそも対話」を行う

子どもは生命が守られ、保護される、育てられる、教えられるといった、「受動的権利」だけではなく、人間であれば誰しも自然ともっている主体的な自由な思いや願い、主張や意見を述べ、行使するなどの「能動的権利」をもっていることを再確認しましょう。また、子どもの主体性を尊重した保育によって、子どもがどのように育つことが期待できるのか等、自分たちの目指す保育を支える「そもそも」について対話をしましょう。

3 保育者の主体性は子どものモデル

子どもの人権や人格を尊重した保育について各々の保育者が理解することによって、適切な保育が行われやすくなります。しかし、子どもの主体性を尊重するあまり、保育者が子どもの言いなりになってしまっては放任と変わりません。保育者も主体であることが、子どもの主体性発揮のモデルとなるため、保育者の適切な子どもとのかかわりについてなど、継続的に保育の振り返りを行いつつ、リーダーは保育者が主体的に保育に取り組めるような支援をしましょう。

フレームワーク……問題解決や物事の改善のために用いる、考えるための「枠組み（フレーム）」のこと。論点を整理し、議論を促すためのツール

ケース 3 保育者が行事の見栄えや出来栄えを過剰に重視する

リーダーの悩み

行事の見直しを検討していますが、これまでの行事のやり方が定着していてなかなか変えられません。また、職員間や保護者からの評価が気になるようで、行事本番の出来栄えや結果を過剰に重視する傾向にあります。

実践アドバイス

　保育者は、行事の成功や子どもたちの成長という結果や成果が、リーダーや保護者からの自分の保育の評価や、組織・チームの保育の評価に直結するととらえがちです。そのため、保育者は責任感やあせりから、見栄えや出来栄えを過剰に重視する傾向があります。たとえば、子どもの制作物の見栄えをよくするために、保育者が手直しをしたり、保護者が満足するような出来栄えを目指して多くの時間を行事の練習にさき、半ば強制的に行事の練習に参加させるということが起こります。つまり、行事当日に至るまでの過程を犠牲にするということです。

　行事に追われることで、保育者は保育の振り返りが欠如しやすくなります。リーダーは、「子どもがどう感じているのか」「どのような参加の仕方をしているのか」など、子ども理解を促し、行事のねらい（行事を通した子どもの育ちなど）について共有することが重要です。

解決策

1 子どもとの対話の場を設ける

　行事の主役は子どもです。子どもが充実感を感じ、自分の成長を実感し、明日からの遊びにつながるような行事にするために、保育者が子どもと対話をする時間を設けましょう。結論ありきではなく、「子どもから何が出てくるかわからない」と、保育者が意外性を楽しむような対話であることが重要です。そのような対話を通して、保育者は行事に至る過程において、子どもが何を感じているのかに意識を向けるようになります。

2 保護者と行事のプロセスを共有する

　行事を通して保護者と「どのような関係性を築くのか」「子どもたちのどのような育ちを共有したいのか」「どのように保育への理解を深めたいのか」も考え、行事のねらいとして設定し、職員間で共有しましょう。そして、行事の本番に至る過程を保護者や職員とも共有し、保護者とともに行事の感想などを共有する機会を設けてもよいでしょう。

3 行事のねらいを設定し、振り返り、改善する

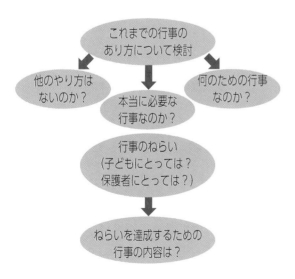

　何のための行事なのか、本当に必要な行事なのか、他のやり方はないのか、なども検討しましょう。そして、そのような選択をした場合のメリット・デメリットについて対話してみましょう。前年度と同じやり方で行事を行うというのは、子ども理解や、保育を振り返り改善することが欠如しているということです。またリーダーは保育者に、行事のやり方について権限を委譲し、子どもの意見や思いを尊重したり、子どもの姿に応じて柔軟に変えてもよいということを伝えましょう。

11.クラス会議・職員会議

話し合う時間の確保

　保育において、情報共有は必須です。ハインリッヒの法則では、1つの重大事故の背後には29の軽微な事故があり、その背景には300のヒヤリ・ハットが存在すると考えます。そのため、日頃から保育者相互でヒヤリ・ハットを情報共有し、安全な環境に変えることで1つの重大事故を未然に防ぐことができるわけです。

　情報共有のためには、立場に関係なく率直に伝え合うことのできる関係性と、情報共有をする重要性について共通認識があることが求められます。しかし、保育現場は忙しく、情報共有をする時間が十分にとれないこともあるでしょう。また、月に一度全職員が集まる貴重な職員会議が、情報共有のみで終わってしまい、保育の質向上につながるような対話の時間がとれないという課題があるかもしれません。

■ハインリッヒの法則

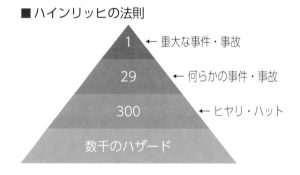

　そのため、効果的で効率的な情報共有ができるようなしくみづくりに取り組みましょう。

　たとえば、ある園ではあらかじめレジュメ等で情報を共有し、職員会議では質疑応答のみ行っています。以前は2時間弱かかっていた情報共有を30分程度で終えることができ、残りの時間は保育の話ができるようになりました。また、別の園では、各クラスの保育者（パートタイム保育者も含む）への伝達は、クラスリーダーが分担し、責任をもって情報共有するというしくみに変えました。何か疑問や質問があれば、クラスリーダーが対応します。

　もちろん、全職員への正確な情報共有のためには、まずはクラスリーダーと園長・主任などの管理者層の情報共有が不可欠です。園長や主任だけが正しい情報をもっているため、全職員が二人に常に確認に来るというやり方は効率的ではなく、情報共有までの時間もかかります。さらに、

このしくみに変えることで、クラスリーダーがリーダーとしての自覚をもつことができるというメリットがあります。このように、現状の情報共有のしくみを変えていくことで、組織・チーム内でのコミュニケーションのあり方や話し合う時間の確保が可能となります。

リーダーは答えを教える人ではない

　情報共有は、効率性ばかり重視して一方通行にならないように気をつけなければなりません。一方通行の情報共有（たとえば、ノートによる情報共有など）は誤解を生む可能性があります。紹介した2つの事例は、どちらも双方向型のコミュニケーションが成り立っています。できるだけ誤解が生まれないようなしくみづくりを心がけ、さらにその情報共有の仕方で問題がないかどうかを「一定期間試して確認し改善する」ことを継続することで、効果的で効率的な情報共有ができるようになります。

　双方向型のコミュニケーションとは、相手を受け入れる隙間（余白、空間、幅、間）をつくるということです。一方通行のコミュニケーションでは、伝え手側に「正解」や「決定」などがあり、受け手側はそれらを受け入れるしかありません。伝え手側は、受け手側が「Yes」と言うことを期待しています。特に、伝え手側の立場が上であれば、人の意向を推測し盲目的にそれに沿うように行動する「忖度」がよしとされる日本の文化のなかでは、受け手側は「No」と言うどころか、議論することも許されないと感じることもあるでしょう。

　だからこそ、特にリーダーは双方向のコミュニケーションを意識して取り組む必要があります。具体的には、「私はこう思うんだけど、あなたはどう？」といった伝え方になります。

　すでにリーダーのなかに答えがあったとしても、相手が自分で気づき、改善していこうとする姿勢を育てるために、あえて答えを教えず一緒に考えることもできます。あえて答えを教えず、ともに議論をしていると、リーダーが思いつかなかったような、ユニークで斬新なアイデアが出てくることもあるでしょう。複数の解決策の中から、「実効性」や「効果」の高さで優先順位を決めましょう。

■一方通行と双方向コミュニケーションの違い

一方通行	双方向
・禁止する ・指示する ・決定を伝える ・命令する ・答えを教える ・問い詰める 　　　　　　　　　など	・聴き合う ・問いかける ・意見を求める ・ともに課題を共有し、 　一緒に考え悩む ・提案をする 　　　　　　　　　など
相手を受け身的にする「してもらう、してあげる」の関係	協働が生まれる「ともに○○する」の関係

会議とはコミュニケーションの場

　会議も人と人とのコミュニケーションの場です。コミュニケーションのあり方は関係性のあり方に影響を与えます。そのため、ていねいなコミュニケーションを心がけることが大切です。

　コミュニケーションをキャッチボールにたとえて考えてみましょう。初めて会った人とキャッチボールをするとき、いきなり剛速球を投げる人はいないと思います。おそらく相手が受け取りやすいように、慎重にゆっくり投げるでしょう。相手が「強すぎる」とか「弱すぎる」とか「変な場所に投げてくる」と感じないように配慮します。

　コミュニケーションで投げるのはボールではなく、言葉やジェスチャー、表情といった記号です。この記号を相手が受け取りやすいようにデザインする必要があります。相手が誤解しないように具体的に、相手が聞き取りやすいペースで伝えていきます。また、伝える情報量は適切にします。相手の様子を見ながら、適当なところで相手の理解の確認をとりながら、話を次に進めていきます。

■コミュニケーションはキャッチボール

　さて、今度はこちらがキャッチャー、つまり聴き手側になった場合について考えてみましょう。ピッチャー、つまり投げ手と初対面である場合、私たちの身体は身構えます。なぜなら、相手からどんなボールが飛んでくるかわからないからです。キャッチボールを続けると、相手の投げ方の傾向や癖などが少しずつわかってきて、ボールを受け取りやすくなります。

　コミュニケーションも継続することで、少しずつ相手のコミュニケーションの傾向や癖がわかってきます。たとえば、「やけに強いボールを投げてくる（強い言い方をする）けれども、こちらを傷つけようとしているわけではないのだな」とか、「弱いボールを投げるのは自分の意見に自信がもてないからなのかな」「いつも変化球を投げてくるけど、それはストレートを投げる（素直な自己表現をする）のが苦手だからなんだな」などと理解できてきます。

　聴き手として、あいづちをうつ、うなずくなどの反応を返しながら、間や沈黙をおそれず、相手のペースに合わせます。そして、相手が話したこと、あるいは話したかったことの理解を適宜、確認しながら、わかったときは「わかった」、わからないときは「わからない」ときちんと言葉で伝えていきます。

　コミュニケーションの目的は、相手を知ること、そして自分を相手に知ってもらうこと、つまり相互理解です。相手と信頼関係ができているとか、相手の話に共感できたとか、相手に理解してもらえたというのは、コミュニケーションを継続した結果でしかありません。結果に執着せず、コミュニケーションというキャッチボールを継続することをていねいに行いましょう。

　キャッチボールをしていると、投げたボールを相手が取り損ねたり、こちらが意図せず強いボールを投げてしまったりすることもあります。でも、だからといって怒る人はいないと思います。コミュニケーションもキャッチボールなので、誤解が生まれたり、うまく伝えられなかったりすることがあります。つまり、「ミスして当然」という前提をお互いにもつことが大切なのです。コミュニケーションの質向上のために、対話の体験学習を積み重ねていきましょう。

リーダーは翻訳者になる

　会議の冒頭では、目的や進め方、役割などを確認しましょう。「自分たちは何のために集まり、目指すところにどうやってたどり着くことができるのか」を理解することで、参加したメンバー一人ひとりがよりよい会議づくりに貢献することができます。

　そして、リーダーは一人ひとりの思いを引き出したり、場を和ませたりしながら、納得感と共感が得られる結論を探っていきます。コミュニケーションには、メンバーそれぞれの癖や傾向があります。そのため、リーダーはメンバーの相互理解が促進されるように翻訳者になるようにします。メンバーがお互いに相手の立場に立ち、相手から見た自分の立場（主張）を想像し、お互いの溝に架ける橋（コミュニケーション）をデザインし、その新たな橋で行き来（よりよいコミュニケーション）ができるための支援をしましょう。

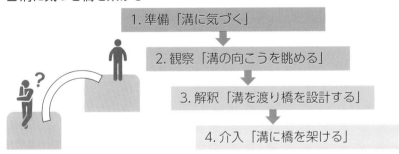

■ 溝に気づき橋を架ける*

1. 準備「溝に気づく」

2. 観察「溝の向こうを眺める」

3. 解釈「溝を渡り橋を設計する」

4. 介入「溝に橋を架ける」

＊参考：宇田川元一『他者と働く——「わかりあえなさ」から始める組織論』NewsPicksパブリッシング，2019年をもとに著者作図

ケース 1 会議中、話が脱線してしまう

リーダーの悩み

会議中、話が脱線することが多く時間だけが過ぎていきます。時間内に結論が出ないことが続いているので、リーダーとして軌道修正をしようとしますがうまくいきません。
このままでは保育に影響があるのではないかと心配です。

実践アドバイス

　話が脱線するということは、話したいことがたくさんあるということです。一見無駄と思える雑談も、お互いの信頼関係を確認するための大切なコミュニケーションであったりします。保育の対話の時間も大切ですが、良好な人間関係の構築のために会話（雑談も含めた他愛のない話）の時間を確保することも大切です。チェックインなどの時間を使って、会話の時間を確保した後に本題に入ると議論に集中できます。

　ちなみに、会議の議題がリーダーから一方的に提案された場合、実はチームのメンバーが今気になっていること、チームで話し合いたいと感じている議題とは違う可能性もあります。話が逸れたと感じたら、次の会議の議題として取り上げるということを提案してもよいでしょう。また、話が逸れたときにリーダー一人が頑張って軌道修正しようとするのではなく、議論の過程を見える化するなど、環境を工夫したり、役割を分担するなどメンバーの力を借りることも意識しましょう。

1 会議の目的やゴールを共有する

「何のための会議か？」「今日の会議の議題は何か？」といった、会議の役割や目的を最初に共有することで、メンバーは話が逸れても、自分たちで軌道修正して、時間内に結論を出そうとする姿勢が生まれます。

チームワークを発揮する際には、「自分たちは何のために集められて、自分の役割は何か」ということをメンバーが理解していることが重要だということを思い出してください。

2 メンバーと役割分担をする

メンバーに進行役やタイムキーパー、記録役などを持ち回りで担当してもらうことで、時間に対する意識をもって話し合いを進める姿勢が少しずつ身につくでしょう。取り組み当初は難しいと感じるかもしれませんが、少しずつ慣れていきます。また、「役割分担をして問題を解決する」というチームワークが、日常の保育場面でも発揮されるようになることも期待できます。

3 ホワイトボードや模造紙を活用する

議論の過程を見える化するために、ホワイトボードや模造紙を使いましょう。会議の「これまで」と「これから」が見える化され共有されると、これまでの話し合いの成果を確認し、これから何について議論したらよいのかが理解できます。また、時間がなく議論が中断されても、次の会議で前回使用した模造紙を全員で囲み、話し合いを再開することができます。

議題：○○○○○○○○

進行役：
タイムキーパー：
記録役：

前回の会議で
決まったこと
・
・
・
・

今回の会議で
決めたいこと
意見
・
・
・

ケース2 リーダー不在だと話し合いが進まない

リーダーの悩み

参加型・対話型の会議にメンバーが慣れていないため、リーダーが不在だと話し合いが進みません。自分たちで話し合いを進められるようになってほしいのですが、どのように支援したらよいのかわかりません。

実践アドバイス

　対話の質を向上させていくために、「何を話したか（What）」だけではなく、「どのような話し合いをしたか（How）」を振り返る時間をとりましょう。保育の質向上のためには、振り返りを行うことが求められます。同様に、対話の質向上のためには、対話のやり方について振り返りを行う必要があります。会議に参加したメンバーそれぞれが個別に振り返ることも有効ですが、チームで対話のプロセスを振り返ることで、多様な学びや気づきを得ることができます。

　また、同じ対話の場を共有していても、一人ひとりが感じていたこと、気づいていたこと、考えていたことは当然違います。メンバーそれぞれの内面で起こっていたことを共有することで、リーダーが不在でもお互いに配慮をしながら対話をする姿勢が身につきます。たとえば、振り返りにおいて「あまり自分の意見を伝えられなかった」というメンバーがいたことを知ると、次回からはそのメンバーに発言を促すようになります。また、多様性に気づくことで、「意見が違っていて当たり前」という前提をもち、率直に発言できるようになります。

解決策

1　振り返りシートを活用する

メンバーに「振り返りシート」を一枚ずつ配布し、振り返りシートの質問に答えを書き込んでもらいます。「あなたはどの程度、自分の思いや考えを伝えることができましたか？」「あなたはどの程度、相手の思いや考えを聴くことができましたか？」といった質問に答えることで、「どのような話し合いをしたか（How）」を振り返ることができます。

振り返り
シートに記入

振り返りシート
①あなたはどの程度、自分の思いや考えを伝えることができましたか？
　　　　1-2-3-4-5
②あなたはどの程度、相手の思いや考えを聴くことができましたか？
　　　　1-2-3-4-5
③よりよい対話ができるように、あなたが今後チャレンジしてみたいことは何ですか？

振り返りシートに
書いたことを共有

2　シェアリングを行う

個人で「振り返りシート」に記入してもらった後、グループになり、記入した内容を読み上げ共有します。このような時間をシェアリングといいます。シェアリングを行うことで、自分だけではなくほかのメンバーがどのような参加の仕方をしていたのかに気づくことができます。他者の参加の仕方について気づくことで、対話において、自分だけではなくメンバー全員が充実感を感じ、有意義な時間が過ごせるようにお互いに配慮ができるようになります。

3　内面で起こっていたことを共有する

回数を重ねて対話に慣れてきたら、「振り返りシート」を少しずつ難しい内容に変えていくことに挑戦しましょう。たとえば、「話し合いにおいて、あなたが感じたこと、気づいたこと、考えていたことは？」と、自分の内面で起こっていたことを自己開示するような質問にしてもよいでしょう。内面で起こっていることを相互理解することで、メンバーは少しずつ安心して発言することができるようになります。

ケース 3 多くの意見が出るのに、 議論を深めていくことができない

リーダーの悩み

会議では職員から多くの意見が出るのに、議論を深めていくことができません。また、リーダーとして最終的にどのように意見をまとめ、保育実践や次の会議につなげていったらよいかわかりません。

実践アドバイス

　意見やアイデアなどをとにかくたくさん出していく「発散」と、意見やアイデアをまとめていく「収束」が同時に起こっていると、議論が深まりません。議論は「発散」させてから「収束」させるという順序で進めましょう。ある程度意見が出尽くしたと感じたら、「発散」の段階は終了です。出た意見をまとめたり、優先順位をつけて並び替えたりしながら、「収束」させていきます。

　また、議論を発展させ積み重ねていくために、あるいは焦点化し深めていくために、リーダーは適切なタイミングで「問いかけ」ましょう。その際、気をつけなければならないのは、チームが必要としているのは「問いかけ」であって、「問い詰め」ではないということです。「問い詰め」られると、メンバーは責められたと感じ、率直に自分の意見を発言できなくなるおそれがあります。リーダーはメンバーと課題を共有し一緒に考え悩むパートナーであるということを忘れないようにしましょう。決して、「問いかけ」に対して、期待した答えが返ってこなくても責めてはいけません。

解決策

1 模造紙と付箋を使い見える化する

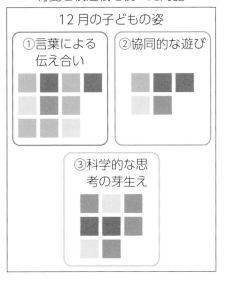

付箋と模造紙を使った対話

12月の子どもの姿

①言葉による伝え合い

②協同的な遊び

③科学的な思考の芽生え

発散 → 収束

　たとえば、子どもを多面的に理解するために、付箋紙に一人ひとりが1か月間の子どもの姿（育ち、興味・関心、気になることなど）を書いていきます。一枚の付箋には一つの姿を書きます。そして、付箋紙を模造紙に貼っていきます。その際、似通った意見は近くに貼ります。「収束」では、付箋紙のまとまりを線で囲んでタイトルをつけます。このように、十分に「発散」させてから「収束」させるようにします。

2 開いた質問と閉じた質問をする

　発散の段階では、「〜に対してどう思いますか？」「〜について何かアイデアはありますか？」という、質問に対する答えが決まっていない開いた質問を使いましょう。そして、収束の段階で論点を絞り込みたいときは、「この決定でよいですか？」「AとBとどちらがよいでしょうか？」「AとBのどちらを優先して取り組みますか？」という、「はい」「いいえ」など相手の答えが限られる閉じた質問を意識的に多く使いましょう。

3 要約する

　リーダーは適時、チームで話し合われている内容を要約してみましょう。「なるほど、つまりここまでの話をまとめると○○ということですね？」と自分の理解を言葉にしてみましょう。要約することは、ここまでの理解や合意を確かめ、話し合いの土台を踏み固めることになります。土台が固まると、メンバーは安心して議論を積み重ねていくことができます。

お互いを知ることで自分の引き出しが広がる

　当園で開催する会議のなかに、年齢別会議というものがあります。当園は各年齢に複数のクラスがあるので、週に一回30分程度、年齢ごとに担任が集まって週の振り返りや子どもの様子を共有する会議を開催しています。

　2年前、私が2歳児クラスのリーダーをしていたときのことです。2歳児クラスは4クラスあり、保育者の経験年数も5年目から30年目までの幅広い年齢層の職員で構成されていました。園としての目標や保育の方向性は同じでも、職員それぞれに多様な保育観があるため、協力して保育を行っていけるのだろうかと不安に感じていました。また、リーダーとしては若手の職員にも主体的に保育をしてもらいたい、成長してほしいという気持ちをもっていました。

　そこで、職員がお互いの保育観を知ることを目的に、年齢別会議で毎回テーマに沿った話し合いを行うことにしました。年度はじめは新型コロナウイルスの流行により、感染対策についての話題が多かったのですが、少し落ち着いてきて登園する子どもが増えてからは、保育に関する話題がテーマに挙がることが増えていきました。

　当園では、クラウド上で全クラスの保育日誌を閲覧できるようになっており、各クラスの保育日誌には毎日園長からのコメントが入るので、そのなかから気になったコメントを会議のテーマにしたり、他のクラスの保育日誌を確認したうえでテーマを決めていました。

　たとえば、あるクラスの保育日誌に「入れて」「いいよ」という記載があったときは、「この言葉ってどこで覚えてくるのだろう?」という発言から、「保育者が言わせることで子どもたちに伝わっていくのではないか?」「子どもたちの遊びにはどこまで介入すればよいのだろうか?」といった会話が展開されるなど、毎週さまざまな話し合いを行いました。

　当初、職員は、きちんと答えを出さなければいけないと思って発言に消極的でしたが、毎週話し合いを重ねることで、少しずつ自分の思いを伝えられるようになってきました。テーマに対して正解を探すのではなく、「そのときどうすればよかったのか」「次はどうしていこうか」といった内容を話し合うことで、お互いの思いを知ることができ

るようになりました。

　翌年から私は担任ではなく全クラスを見るフリーの立場になりましたが、毎週いくつかの年齢別会議に参加し続けました。しかし、そこで失敗をしてしまいました。各クラスの日誌や保育の様子を客観的に見る機会が増えたために、自分の保育観と異なる保育観をもつ職員に対して、それを批判したり指摘するような発言をしてしまったのです。職員から園長に苦情が入ったことで、それを知りました。自分がどのように話せば相手に伝わったのだろうか、どんなふうに発言すればよかったのだろうか、相手はどのように考えていたのだろうかなどと、しばらく考え、悩みました。

　そして、園長が年齢別会議では、保育日誌を使って保育をテーマに話し合いをしてほしいと話していたこと、また2歳児クラスのリーダーとしての年齢別会議を行っていたときのことを思い出しました。さらに、以前、ファシリテーター研修を受講した際に、答えを出すのではなく一人ひとりの思いや考えを引き出すことが大事だと学んだこともあわせて、保育日誌を読んでよかったところや保育士同士で共有したいところ、一緒に考えたいことをテーマにして話し合えるように発言するように改めました。

　園内の会議は、行事に関する情報共有や、報告・連絡事項が多いのが現状ですが、今後は、職員同士で保育についての話し合いを増やしていきたいと考えています。保育には答えがなく、その場その時の臨機応変な対応が求められます。また、あの対応は本当によかったのだろうか、違う対応や声かけもあったのではないかなどと思い返す場面も多くあります。だからこそ、さまざまな人と対話することで自分の保育を振り返ることができるのではないかと思います。

　答えは自分のなかにあったとしても、多様な考え方を知ることで自分の保育の引き出しが広がっていくように思います。また、保育は複数の職員とともに行うものなので、情報共有や仕事を円滑にするためのコミュニケーションが大切です。何よりも、子どもたちが楽しく過ごせる保育園であり、さらに保育者も楽しく保育ができるようにするため、全員で楽しく保育を語れる場をつくっていきたいです。

諏訪保育園　リーダー保育士　水島　謙

12.園内・園外研修の実施と活用

研修とはチャレンジの場

　研修のことをOff-JTといいます。仕事を離れた時間と場で、研修やトレーニングを受ける人材育成の方法です。園では、園内研修と園外研修がこれに当てはまります。

　研修は非日常の場であるからこそ、日常ではできないことにチャレンジすることができます。たとえば、日々の会議では発言することを控えている自分の保育への思いや子どもの育ちへの思いなどを言葉にして伝えてみることができます。

　そのような行動変容を起こしやすくするために、非日常の場を演出しましょう。たとえば、普段の会議ではロの字やコの字型で座っているとしたら、小人数でグループをつくりテーブルを囲んで座る（島型）だけでも、いつもとは違う雰囲気を感じることができます。くじ引きなどにより、いつも一緒に仕事をしていないメンバー構成でグループをつくることで、いつも一緒に仕事をしている者同士では得られなかった気づきや新たな視点の獲得が期待できます。また、プロジェクターやマイクを用意する、休憩時間にBGMを流す、お菓子や飲み物を用意するなど、五感に訴えるような演出も大切です。

■ テーブルといすの配置例

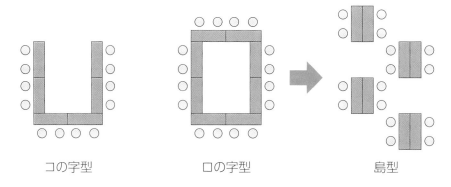

コの字型　　　　　　　　ロの字型　　　　　　　　島型

　さて、研修は受講しただけで満足してはいけません。受講したことで個人と組織・チームが変化・成長することが研修の目的です。そのため、研修での学びや気づきを実践につなげるための仕掛けが必要です。たとえば、研修の最後に参加者それぞれが、学びや気づきをどのように実践に移すのかを皆の前で宣言をします。そして、次の研修の冒頭で実践報告をし、成果を共有する

機会を確保しましょう。このように、研修と実践を往還させることで、研修に参加することの意味や意義を感じられるようにします。

研修の成果とは

　園内研修は、組織・チームを変えていくときに、非常に有効な手段となります。ただし、組織・チームを変えていくさまざまな手段の一つでしかありません。組織・チームを変えていくためには、研修に頼るだけではなく、働きやすい環境づくりや保育の評価のしくみづくり、職員階層ごとの研修体系の確立など、多様な手段が必要です。

　たとえるなら、魚を釣るために園内研修という一本の釣り糸を垂らすのではなく、複数の釣り糸を垂らすことで、魚を捕まえやすくなるということです。組織・チームを変えていくために、園内研修という一つの手段に頼るのではなく、多様な手段を用いることで、組織・チームが変化する可能性が高まります。

　組織・チームにどのような成長・変化を起こしたいのか、そのために適切なアプローチは研修なのか、それとも他の方法も並行して実施したほうがよいのかを検討しましょう。研修は手段であって、研修を行うことそのものが目的になってはいけません。

外部研修を職員間で共有する

　個人の成長とは、組織・チームの一員としての役割を理解し、自分の役割を担うために専門性を向上させていくことです。そして、組織・チームの成長とは、保育理念や保育目標を共有し、その達成のためにメンバー一人ひとりが求められる役割を担い、一体となって組織を改善していこうとすることです。そして、その延長線上に保育の質向上が期待できます。

■個人・組織・チームの成長を保育の質向上につなげる

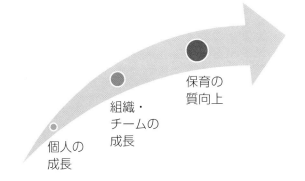

保育の
質向上

組織・
チームの
成長

個人の
成長

　外部研修を受講することにより、個人の成長は期待できますが、適切に個人の学びや気づきを共有できていない場合、組織・チームの成長・変化にはつながらないことがあります。たとえば、外部研修の受講者がレポートを書き、それを職員間で回覧するだけでは、ただの一方的な情報共有になってしまい、組織・チームの成長・変化にはつながりません。

　外部研修を組織・チームの成長・変化につなげるためには、インプット・アウトプット・アウトカムに取り組みましょう。インプットとは、資源投入です。外部研修を受講することで得られる気づきや学びなどです。そしてアウトプットとは、その資源を投入して得られた個人の成長・

変化です。たとえば、外部研修受講により個人の保育が変わる、リーダーシップを身につけるなどの行動変容が起こることがアウトプットです。

　アウトカムとは、組織・チームの成長・変化や保育の質向上です。外部研修を受講する（インプット）だけではなく、個人の成長・変化をどう促していくのか、そして、それをどうすれば組織・チームの成長・変化や保育の質向上につなげていくことができるのかをセットで考えましょう。

■ インプット・アウトプット・アウトカム

研修の様子から次の研修のテーマが浮かび上がる

　園内研修のテーマを決めるときには、研修を受講するメンバーが何を学びたいのか、ニーズを調査することが大切です。ニーズ調査の方法はさまざまですが（後述）、研修内のメンバーの様子からニーズを理解することができます。

　たとえば、小グループでの対話の内容や、模造紙を使ったグループ発表の内容から、組織・チームで意識化されている（特に気になっている）保育の現状と課題を知ることができます。そして、それらを今後の研修のテーマとして設定することができます。ただし、リーダーとしては、組織・チームが意識していない（あまり気にしていない）課題にも目を向けるようにしましょう。

　組織・チームが今取り組むべき課題に抜けもれがないかどうかは、リーダーが留意する必要があります。また、研修内のメンバーの対話の様子から、それぞれの関係性やチームワークのあり方、リーダーシップや対話のあり方について理解することができます。このように、リーダーの組織・チームの現状理解のために園内研修を有効活用することができます。

12. 園内・園外研修の実施と活用

ケース
1 外部研修での学びを 園内で有効活用できていない

外部研修での学びを職員間で共有し、有効に活用したいのですが、参加した職員が内容をレポートにまとめて回覧するだけで終わっています。
情報共有はできていると思いますが、学びを保育に活かすことができていません。

　外部研修を一部の職員が受講した場合、内容や感想をまとめたレポートを回覧するという方法で共有してもあまり意味はありません。なぜなら、文章で一方的に伝えられるだけでは、他の職員は自分事として受け取ることができず、またうわべだけの理解で終わってしまい、実践につながらないためです。

　外部研修で学んだことを共有する際には、意識的にインプットとアウトプットのバランスをとることに取り組みましょう。たとえば、外部研修で新たな知識を得るというのは、インプットになります。そして、受講した職員が自分たちの言葉で共有したい内容を他の職員に説明するというのはアウトプットになります。また、受講者の語りを聞くことは、他の職員にとってインプットになり、自分の理解を語ったり、学びや気づきをどのように活かすかという行動目標を発表することはアウトプットになります。

1　小規模の研修を複数回行う

外部研修を受講したメンバーが、講師役となり、小規模の園内研修を分担して行う

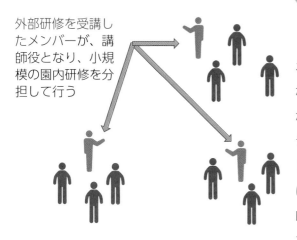

園内研修は全職員が揃わないといけない、と考えるかもしれません。しかし、人数が多いと一人が発言する機会や時間が減り、必然的に聞く時間が多くなります。インプットとアウトプットのバランスをとるなら、小規模の研修を複数回行いましょう。たとえば、外部研修を受講した職員3名に、同じ内容の小規模の園内研修を3回行い、各回の講師を担当してもらうことで、インプットもアウトプットも行えます。

2　今共有したいことに焦点化する

園内研修では、学んだ内容をすべて正確に伝えようとするのではなく、受講した職員が組織・チームの現状の課題などに応じて、特に共有したいことを中心に共有するようにしましょう。

受講した職員が中心となって園内研修を進めていきますが、リーダーは必要に応じて研修内容や研修の進め方について相談に乗りましょう。その際は、あくまでも受講した職員が主体的に取り組めるように、積極的な傾聴を心がけることが大切です。

3　研究チームをつくる

外部研修の内容を共有することで、「保育を変えていかなければならない」といったような課題意識が職員に芽生えます。全職員がそれぞれの興味・関心に基づきテーマを選び、テーマ別の研究チームを複数つくることができます。そして、研究チームがテーマに即した文献購読や保育研究を通して得た成果を園内研修で共有したり、外部の研修の情報収集と紹介なども行うことで、継続的に保育の質向上に取り組む体制ができます。

ケース 2 研修のテーマが決まらない

リーダーの悩み

園内研修のテーマをどのように決めたらよいかわかりません。これから参加・対話型の研修に取り組もうとしているので、できるだけ職員に積極的に参加してほしいのですが、どのようなテーマから始めたらよいのでしょうか。

計画？

記録？

子ども理解

実践アドバイス

　園内研修のテーマは何でもよいというわけではありません。職員が充実感を感じ、また参加したいと感じるようなテーマを選ぶポイントは、「参加するメンバーが必要性を感じているかどうか」、つまり、ニーズがあるかどうかが重要です。一方的に与えられたテーマでは、研修に参加する職員は受け身になり、「やらされ感」が生まれる可能性があります。

　そのため、研修のテーマを決めるために、まずはニーズ調査を行いましょう。職員が学ぶ必要性を感じているテーマであれば、積極的に学ぼうとする姿勢につながります。

　また、研修とは変化を起こすために行うものです。組織・チームを変えていくためには、ヒアリング等で組織・チームの実態や課題を把握し、「どのような変化を起こしたいのか」について、具体的なねらいを設定しましょう。そして、保育と同様に、「ねらい」を達成するためにどのような経験をすることが必要であるのかを考え、具体的な研修の「内容」を検討しましょう。

解決策

① ニーズ調査を行う
職員へのアンケートや、リーダーや管理者層が感じている組織・チームの課題の調査、保護者のニーズ調査、子どものニーズ調査（子ども理解）

↓

② 研修のねらいを設定する
「どのような変化を起こしたいのか」について、具体的なねらいを設定

↓

③ ねらいが達成できる研修内容を考える
研修の「ねらい」を達成できるような研修の内容について検討（対象、日時、場所、研修内容、研修の大まかな流れ、準備物など）

1 ニーズ調査を行う

　ニーズ調査といっても、その対象はさまざまです。研修に参加する職員だけではなく、リーダーや管理者層が感じている組織・チームの課題もニーズの一つです。さらに第三者評価等を通じて保護者のニーズを知ることもできます。

　また、保育者が日常の保育場面において、子どもと対話をしたり、子ども理解を深めたりすることは、子どもを対象としたニーズ調査になります。つまり、保育をよくするために必要な研修内容のヒントが子どもから示されるということです。

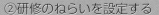

2 研修のねらいを説明する

　職員へのアンケートやヒアリングによるニーズ調査は、参加者の学ぶ意欲に直結します。しかし、リーダー層が日常の保育を観察して課題だと考えていることや、自己評価等により明らかになった課題や気になっていることについては、参加者が学ぶ必要性を感じていない場合もあります。そのため、研修の「ねらい」を設定した理由について、研修の冒頭でていねいに説明をすることを忘れないようにしましょう。

3 ねらいが達成できる研修内容を考える

　研修の「ねらい」を達成できるような研修の内容について検討しましょう。参加対象者、対象、日時、場所、研修内容、研修の大まかな流れ、準備物などについて、アイデア出しをします。そして、多様なアイデアのなかから、最も実現性が高く効果も高いものを選択しましょう。

　研修に参加する予定の職員の反応を思い浮かべながら、研修内容を考えるとよいでしょう。

ケース
3 研修で学んだことが実践に
活かせていない

リーダーの
悩み

園内研修で学んだことが実践に
活かされていません。研修中は
職員の積極的に学ぼうとする姿
勢が見られたのですが、日常の
保育や仕事の様子は以前と変わ
らないため、研修の意味がな
かったのではないかと残念で
す。

実践
アドバイス

　園内研修は、ファミリートレーニング（家族内研修）とも呼ばれます。職員で
同じテーマについて議論したり学ぶことで、多面的に保育を振り返り、明日から
の保育の方向性を共有する貴重な機会となります。しかし、研修を実施するだけ
では日常の保育を変化させることはできません。なぜなら、人はこれまでやって
きた方法に馴染みがあり、エネルギーを節約することができるため、元に戻ろう
とする力が働くからです。そのため、研修により生まれた変化（人間関係の向
上、保育の方向性共有、保育の質向上、チームビルディング）を継続するための
「しくみ」が必要です。

　リーダーは、研修を企画するときには、変化を促進する「しくみ」もセットで
考えてみましょう。「しくみ」は研修内で取り組めるものと、研修外（研修の事
前・事後）に取り組めるものがあります。研修の最後に、「変化」を維持・継続
するためにどのような「しくみ」づくりができるのか、メンバーにアイデアを募
集してもよいでしょう。

解決策

園内研修

研修により生まれた変化

変化を継続するためのしくみ

1　研修前から変化を起こす

　研修前に変化を起こすための「しくみ」を考えましょう。たとえば、研修のテーマが「子どもの主体性について」だとします。研修1か月前に「当日は子どもの主体的な遊び・生活のエピソードを持ち寄ってください」と投げかけることで、子どもの主体性とは何かということについて各々が考えたり、主体性を尊重しようとする姿勢が生まれます。

2　行動宣言と振り返りの機会の確保

　研修の最後に、一人ひとりが明日から取り組んでみたい具体的な行動を皆の前で表明する「行動宣言」をしましょう。「行動宣言」の内容は、5W1H（When：いつ、Where：どこで、Who：だれが、What：何を、Why：なぜ、How：どのように）の要素をできるだけ入れ、具体的にします。そして、1か月後など一定期間後に「行動宣言」の振り返りの機会を設けます。振り返りの機会があると伝えることで、積極的に「行動宣言」に取り組もうという姿勢が生まれます。

3　「変化」を維持・継続するためのしくみ

　研修後に変化を継続するための「しくみ」を考えましょう。たとえば、研修のねらいが「自分たちの保育の方向性について共有し実践につなげる」ということであれば、研修で保育の方向性を共有するだけではなく、日常の保育において再認識できるように、保育の計画・記録の書類に園の保育の方向性を項目として追加してもよいでしょう。そうすることで保育の方向性と現状の保育を照らし合わせる定期的な機会が生まれます。

13.リーダーシップを発揮する

リーダーシップを発揮することの重要性

　毎年の健康診断で特に健康に問題がないと、現状の生活を続けてしまいます。でも、実は「ラッキーなだけで健康なわけではない」ということに気づいていないのかもしれません。そして、病気や症状が出て初めて真剣に健康を保つために習慣改善に取り組み始めます。保育現場におけるリーダーシップも同様です。保育の質が落ちるとか離職者が増えるなどという問題が起こり、それらに対処しなければならなくなって、リーダーは初めてリーダーシップの必要性を感じます。

　組織やチームを健全な状態に保つためには、問題が起こるまで放っておくのではなく、常に適切なリーダーシップを発揮しなければなりません。そのため、リーダーは場当たり的な対応やその場しのぎの対処をしないように、基本的なリーダーシップの知識や技術を身につけ、さらに経験に基づいた自分なりのリーダーシップを発揮することが求められます。

組織・チームの実態に応じたリーダーシップ

　皆さんの園におけるリーダーの役割は何でしょうか。この質問に明確に答えられる方は少ないと思います。多くのリーダーは、園のなかで「自分が求められている役割」について推測し、その役割のなかで「今の自分ができること」のみをやろうとします。園の規模や職員構成によって、リーダーと呼ばれる人に求められる役割は違ってくるため、そのような考え方は間違いではありません。しかし、園長、主任、クラスリーダーなど、階層ごとの役割分担について共通認識がないと、役割にもれや重複が起こり、混乱が生じます。そのため、組織・チームを理想の姿に近づけるために効果的なリーダーシップが発揮できません。

　そこで、まずはリーダー層が集まり、協働で共通の目標をつくりましょう。目標は、リーダーシップによって達成したい「理想の保育」や「理想の職員集団」です。模造紙やホワイトボードを用い、可視化しながら議論するとよいでしょう。次に、その「理想の保育」や「理想の職員集団」の達成のために求められる園長、主任、クラスリーダー等の役割について考え、書いていきます。

　その際の留意点は次の3つです。

■ 目標達成へのアプローチの吟味

理想	➡ どうアプローチするか
理想の保育 ・ ・ ・	園長 主任 ミドルリーダー
理想の職員集団像 ・ ・ ・	園長 主任 ミドルリーダー

①目標の達成に必要十分なアプローチがあるかどうかを確認します。足りないと感じたら、付け足します。

②その役割は本当に「理想の保育」や「理想の職員集団」につながるものかどうかを確認します。適切かどうかを吟味して、不適切なものは適切なものに変えます。

③役割分担は適切かどうかを確認します。園長ではなく、クラスリーダーがその役割を担ったほうがよい等、より効果的な役割分担に変えます。

　このように役割分担をしたら、実践します。そして、ある程度の期間実践を継続したら、目標に照らし合わせて効果を見極め、役割を修正していきます。これをくり返すと、少しずつ組織の実態や状況に応じたリーダーシップが発揮されるようになります。

適切なリーダーシップを発揮するために

　保育者は経験を積み重ねていくと、実践知に支えられた保育をすることができるようになります。実践知とは、保育の勘やコツと呼ばれるものです。実践知により、自動操縦（オートパイロット）で保育ができるようになり、精神的なエネルギーの節約になります。しかし、気をつけないと保育における「当たり前」が増えることになり、一人ひとりの子どもに応じた保育や、臨機応変に対応する、想定外を面白がるなどということができなくなるおそれがあります。そのため、記録を書くことや保育者間の対話を通して自分の保育を振り返り、よりよい保育のあり方を探る必要があります。

　リーダーシップを身につける場合も、リーダーは自己のリーダーシップについて振り返りを行う必要があります。自分が「リーダー」と呼ばれる立場になったとき、リーダーシップについて学んだことのない保育者は、自分がこれまで接してきた先輩や上司のリーダーシップをモデルにします。もちろん、自分の価値基準に照らし合わせて、好ましくないと思える先輩や上司につい

ては、反面教師にします。そして、自分なりのやり方で組織・チームにおいてリーダーシップを発揮しようとします。しかし、振り返りが欠けてしまうと、独りよがりな偏ったリーダーシップになってしまうおそれがあります。そのため、リーダーはリーダーシップを実践しながら、自己評価と他者評価の一致を目指します。他者評価とは、組織・チームのメンバーからのリーダーシップに対する評価です。組織・チームの現状を観察し、メンバーからのリーダーシップに対する評価をフィードバックしてもらいながら、リーダーシップの実践と修正を行うことで、適切なリーダーシップを発揮することができます。

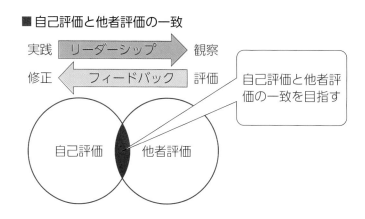

■ 自己評価と他者評価の一致

リーダーは、完璧なリーダーを演じようとするのではなく、リーダーになっていこうとする姿勢を示すことが重要です。変わっていこうとする姿勢、自らフィードバックを求める姿勢を示すことが、組織・チームが変わっていくための推進力となります。

課題解決のプロセスをともに歩む

「ルビンの壺」をご存知でしょうか。黒い部分に注目すると、人が向き合っているように見えます。白い部分に注目すると壺に見えます。つまり、物事のどこに注目するかによって見え方は変わってくるということです。30人の職員がいれば30通りの課題のとらえ方があります。たとえば、リーダーは「ベテラン職員のリーダーシップのあり方」について気になっていて、それを園の課題だと考えています。しかしベテラン職員は、園の課題は「新人保育者の仕事に対する非積極的な姿勢」だと考えています。そして、新人保育者は、「園長先生の職員に対する否定的なまなざし」が園の問題だと考えています。

■ルビンの壺

　このように、同じ組織・チームに所属していても、何を課題と認識しているかは人それぞれです。ひょっとすると課題だと思っていたことは、園の魅力やよさとしてとらえることもできるかもしれません。リーダーが「気になっていること」は、園の課題の一部でしかありません。だからこそ、できるだけ多くの職員で対話をし、組織・チームの課題を抽出する必要があるのです。責任感の強いリーダーは、組織・チームの課題を一人で抱え込もうとすることがあります。しかし、一人で組織・チームの課題を解決しようとするのではなく、メンバーとともに課題解決のプロセスを歩むことが、組織・チームの一体感や信頼感を強めることになります。

完璧なリーダーでなくてもよい

　どのような規模の組織・チームであっても、リーダーによる適切なリーダーシップの発揮がないと、保育の質を確保・向上することはできません。それどころか、職員が安心して働き続けられるような健全な風土を保つこともできないでしょう。そこでリーダーには、保育の専門性を身につけるだけではなく、リーダーシップを身につけることが求められます。そして、リーダーシップを発揮して、組織・チームの問題を解決し、保育の質の確保・向上を目指す役割を担わなければなりません。もちろん、新人保育者でもリーダーシップを発揮することはできますが、経験を重ねた保育者であるリーダーは、組織・チームで起こっていることを俯瞰して見ることができるようになります。そのため、組織・チームのメンバーの力を借り、組織的に対処しようとすることができます。

　ただし、これまでお伝えしてきたように、リーダーは常に正しい答えを出す人でも、組織・チームを正しい方向に率いてくれる人でもありません。リーダーもPDCAをくり返しながら、リーダーシップを少しずつ身につけていくものです。リーダーという立場になったからといって、すぐに適切なリーダーシップを発揮できなくて当然です。

　完璧であろうとして過剰に責任を感じる必要はありません。新人保育者が経験を通して少しずつ保育の専門性を身につけていくように、あるいは親が子どもとのやり取りを通して少しずつ親の役割を取得していくように、リーダーもリーダーシップを少しずつ身につけていけばよいのです。

ケース 1 リーダーとしてチームを引っ張っていけない

リーダーの悩み

リーダーとして保育を語り、引っ張っていくことができません。メンバーが欲している答えを与えたり、適切な指示を出したりすることができません。
早く一人前のリーダーにならなくてはいけないと焦ります。

実践アドバイス

　リーダーが一人でチームを引っ張っていく必要はありません。リーダーが常に組織・チームが直面している課題や保育に関して一方的に答えを教えたり、結論を伝えると、組織・チームのメンバーはリーダーに依存してしまいます。すると、自分たちで課題解決や保育に関して考えようとしなくなります。つまり、リーダーが答えを与え続けることで、「自分たちの外に答えがある」という誤ったとらえ方をしてしまいます。すると、自分たちで対話をしながら日々の保育において試行錯誤し答えを探ろうとする姿勢が失われます。

　また、自己判断や自己決定の機会が失われるので、リーダーの指示待ちになり、保育に対しても受け身の姿勢が生まれ、臨機応変に応答的に子どもにかかわることができなくなるおそれもあります。リーダーはともに課題を共有し、一緒に考え悩む姿勢を意識しましょう。

解決策

1 ともに課題を共有し一緒に考え悩む

　メンバーから答えを求められたときに、リーダーは答えを与えたくなります。しかし、メンバーが自分たちで考え答えを出す機会を与えましょう。たとえリーダーがいくつか答えをもっていたとしても、あえて「どうしたらいいんだろうね？」「あなたはどう思う？」などと、ともに課題を共有し一緒に考え悩む姿勢を示しましょう。人から正解を与えられることに頼るのではなく、自分たちで考え最適解を出そうとする風土づくりが大切です。

2 答えは子どもの姿にある

　保育の答えはリーダーがもっているのではなく、子どもの姿にあります。リーダーも含めたメンバー間で子ども理解を出し合い、子どもの姿について理解を深めましょう。その際、目に入っていても、子どもの成長・変化に気がつかない、とらえられない「見過ごす・見落とす」が起こっていると感じた場合は、子ども理解のための視点（発達、個人差、行動の意味、内面の理解、集団と個の関係性等）を共有することも大切です。

3 成果をともに確認する

　チームが出した答えを尊重し、リーダーはサポートします。ただ、取り組みの成果に対してメンバーが過小評価や過大評価をすることがあります。正確に成果を確認し次の取り組みにつなげるために、チームで振り返りを行いましょう。リーダーは客観的に正確に認識しつつ、チームのメンバーが自ら気づき、変化・成長していこうとすることを後押ししましょう。

ケース 2 リーダーシップに自信がない

リーダーの悩み

リーダーとして、組織・チームに対して適切なリーダーシップを発揮できているのかどうか自信がありません。自分なりに努力しているつもりですが、いつも「これでいいのかな？」と不安になります。

実践アドバイス

　勘とコツで行うリーダーシップは、どうしても独りよがりや偏ったものになりがちです。また、リーダーシップを改善する機会が欠如していると、他の職員へのかかわりや支援が適切だったのかどうかわからないままになり、リーダーとしての自信をもつこともできなくなります。組織・チームのあり方は多様です。そのため、組織・チームの課題や実態に応じた柔軟なリーダーシップが求められます。

　よりよいリーダーシップを発揮するためには、自分のリーダーシップについて振り返る機会をつくりましょう。保育も振り返りを行わないと、手応えを感じることはできません。リーダーシップに関してもPDCAの循環を回すことで、少しずつ組織やチームの実態に即した、さらに自身のパーソナリティや強みを活かしたリーダーシップが発揮できるようになり、手応えややりがいを感じることもできるでしょう。

解決策

1 リーダーシップ会議を行う

「リーダー会議」などという名称で、自分のチームの保育や課題、そして自分のリーダーシップについて対話を通して振り返る機会をつくりましょう。複数のリーダーがその会議に参加することで、自分以外のリーダーの多様な取り組みを聞くことができ、リーダーシップの幅が広がります。また、率直にリーダーとしての悩みを語り合うことで、「頑張っているのは自分だけではない」と感じることができます。

2 リーダー同士でフィードバックをする

リーダー会議で他のリーダーからフィードバックをもらうことで、自己のリーダーシップを軌道修正することが可能です。自分ではうまくいったと感じていても、実際は改善が必要な場合があります。現実を正確にとらえるために、自分のリーダーシップがどのような変化を生み出したのか、他のリーダーにチームを観察してもらい、フィードバックをもらいましょう。

3 リーダーシップのPDCA循環を回す

リーダーシップに関しても、保育と同様にPDCAの循環を回すことを意識しましょう。リーダー会議でリーダーとしての行動計画を立て(P)、現場で実践し（D）、一定期間の後リーダー会議で「うまくいったこと」「改善すること」などを話し合い（C）、次の実践につなげていくことができます（A）。

行動計画を立てる(P)　現場で実践する(D)　リーダー会議で「うまくいったこと」「改善すること」などを話し合う(C)　次の実践につなげていく(A)　自分たちのリーダーシップの影響について検討する

ケース 3 自分らしさを活かした リーダーシップを目指したい

リーダーの悩み

自分らしさを活かしたリーダーシップのあり方を目指したいと思っていますが、リーダーシップを学べば学ぶほど、「リーダーとはこうでなければならない」という理想に近づくことができず、不甲斐なさを感じます。

自分らしさ

実践アドバイス

　リーダーシップのあり方に正解はありません。実践を通してリーダーシップの幅を広げることができたら、自分らしいリーダーのあり方を見つけていきましょう。もちろん、組織・チームが求めているリーダーシップを発揮していかなければなりませんが、リーダーに求められるのは、組織・チームの現状に合わせて対応を変えられる柔軟性です。

　しかし、リーダーも人間なので得意・不得意があります。リーダーは組織・チームの課題に対して責任を感じ、一人で解決しようとすることで孤立感を抱きやすくなります。行き詰まりを感じたら、メンバーに助けてもらいましょう。リーダーが弱みを見せ、メンバーから助けてもらうことは、メンバーのよさや強みを引き出し、組織・チームに貢献ができていると感じることにもなります。

　そして、それはメンバーがリーダーシップを発揮しているという状態です。自分一人で頑張ろうとするのではなく、新たなリーダーを育てていきましょう。責任や権威を分散させていくことで、組織・チームに協働が生まれます。

解決策

フォロワーシップ*

リーダーへの
フィードバック

貢献力（高い）

①模範型　　②順応型

批判力　　←――――――→　　批判力
（高い）　　　　　　　　　　（低い）

④孤立型　　③消極型

貢献力（低い）

1 懸命なフォロワーをつくる

　リーダーが成長するためにはリーダーの言動に
対して積極的に異議を唱える「懸命なフォロワー」
が必要です。

　リーダーに対する「貢献力」が高い・低い、
「批判力」が高い・低いの二軸により、フォロ
ワーシップのあり方は、①模範型、②順応型、③
消極型、④孤立型に分類できます。リーダーが成
長するためには、①模範型のフォロワーが必要で
す。リーダーのパートナーとして、勇敢にフィー
ドバックをしてくれるメンバーにより、リーダー
はさらに成長していくことができます。

2 苦手なことに取り組み続ける

　自分が苦手とするリーダーシップについては、
意識して取り組み続けることで、少しずつ身につ
けていくことができます。

　たとえば、傾聴が苦手なリーダーは「一日一
回、メンバーの話を傾聴する機会を設ける」と
いった具体的な行動計画を立てて実践を続けてい
きましょう。行動計画は、「○○を頑張る」とい
う抽象的なものではなく、具体的にすることで、
達成できたかどうかが確認でき、リーダーとして
の成長実感につながります。

3 強みやよさを伸ばす

　リーダーシップについて知識や技術を身につ
け、さらに実践を続けることで、自分の強みやよ
さにも気づくことができます。強みやよさに気づ
いたら、発展させたり応用をしてみましょう。た
だし、自分一人で頑張りすぎると、組織・チーム
の自立や活性化にはつながりません。組織・チー
ム内に、自分以外のリーダーの育成にも取り組み
ましょう。

*参考：ロバート・ケリー，牧野昇訳『指導力革命―リーダーシップからフォロワーシップへ』プレジデント社，1993年をもとに著者
一部修正

第2章参考文献

・津村俊充『プロセス・エデュケーション──学びを支援するファシリテーションの理論と実際』金子書房，2012年
・中村和彦『入門 組織開発──活き活きと働ける職場をつくる』光文社，2015年
・日本体験学習研究所監，津村俊充・星野欣生編『実践 人間関係づくりファシリテーション』金子書房，2013年
・W.ブレンダン レディ，津村俊充監訳，林芳孝・岸田美穂・岡田衣津子訳『インターベンション・スキルズ──チームが動く，人が育つ，介入の理論と実践』金子書房，2018年
・厚生労働省編『保育分野の業務負担軽減・業務の再構築のためのガイドライン 令和3年3月』2021年
・全国社会福祉協議会編『［改訂2版］福祉職員キャリアパス対応生涯研修課程テキスト　中堅職員編』全国社会福祉協議会，2021年
・平木典子『改訂版　アサーション・トレーニング──さわやかな〈自己表現〉のために』金子書房，2009年
・長尾博『やさしく学ぶカウンセリング26のレッスン』金子書房，2008年
・マリリー・G・アダムス，鈴木義幸監修，中西真雄美訳『新版 すべては『前向き質問』でうまくいく 質問思考の技術／クエスチョン・シンキング』ディスカヴァー・トゥエンティワン，2014年
・矢藤誠慈郎『保育の質を高めるチームづくり──園と保育者の成長を支える』わかば社，2017年
・那須信樹ほか『手がるに園内研修メイキング──みんなでつくる保育の力』わかば社，2016年
・今井和子編著『主任保育士・副園長・リーダーに求められる役割と実践的スキル』ミネルヴァ書房，2016年
・イラム・シラージ，エレーヌ・ハレット，秋田喜代美監訳・解説，鈴木正敏・淀川裕美・佐川早季子訳『育み支え合う保育リーダーシップ──協働的な学びを生み出すために』明石書店，2017年
・高山静子『環境構成の理論と実践──保育の専門性に基づいて』エイデル研究所，2014年
・ジェフ・A・ジョンソン，尾木まり監訳，猿渡知子・菅井洋子・高辻千恵・野澤祥子・水枝谷奈央訳『保育者のストレス軽減とバーンアウト防止のためのガイドブック──心を元気に笑顔で保育』福村出版，2011年
・増田まゆみ・小櫃智子『保育園・認定こども園のための保育実習指導ガイドブック──人を育てることは自分自身が育つこと』中央法規出版，2018年
・金井壽宏『働くひとのためのキャリア・デザイン』PHP新書，2002年
・厚生労働省「保育所等における保育の質の確保・向上に関する検討会　議論のとりまとめ──『中間的な論点の整理』における総論的事項に関する考察を中心に」2020年

おわりに

　茶道、武道の熟達のプロセスは、守破離（しゅ・は・り）であるといわれます。

　守破離とは、まず型を身につける第一段階の「守」、型を改善・改良・応用する第二段階の「破」、そして、型から独立し、進化する第三段階の「離」です。

　フランス映画「太陽がいっぱい」のなかで、主人公を演じたアラン・ドロンが、テーブルマナーが綺麗すぎて上流階級ではないということがばれるシーンがあるそうです。なぜなら、本当の上流階級の人間は、テーブルマナーなど気にせず、自分流の食べ方をするため、型にはまった主人公の行為が周囲には不自然に感じられたためです。

　リーダーシップに関しても同じことがいえると思います。最初は研修や本などでリーダーシップの型を学ぶことは大事です。なぜなら、自己流ではバランスの悪いリーダーシップを発揮している場合もあるためです。

　リーダーシップの型を修得することができたら、その後状況に応じて型を崩していきます。つまり、自分の特徴を活かしたオリジナルのリーダーシップに変えていきます。

　なぜ教科書通りのリーダーシップではいけないかというと、リーダーシップの対象が「人」だからです。「人」がつくっている組織は、メンバーの特性など、あり方が多様です。そのため、リーダーシップを発揮する側にも、型にはまったあり方ではなく、多様なあり方が求められます。

　ここまでが、「守」「破」ですね。

　では、リーダーシップにおける「離」とは何でしょうか。「離」とは、創造です。個人的には、保育現場だからこそ発揮できるリーダーシップのあり方があると思います。たとえば、リーダーシップを発揮するのが、管理者ではなく、クラスリーダーや新人の保育者であったり、保護者であったり、コミュニティであったり、子どもであったり……。創造するものであるからこそ、ここで正解を伝えることはできません。

　皆さんも新たなリーダーシップのあり方を見つけていってください。

　最後になりましたが、本書の執筆にあたっては多くの方に支えていただきました。本書の執筆をご提案いただき、執筆を支えていただいた平林敦史様、星野雪絵様、三井民雄様、素敵なイラストを描いていただいたイラストレーターのサトウノリコ*様、コラムにて、リーダーシップの実際についてご執筆いただいた現場の先生方、また、本書の監修にご協力いただいた全国私立保育連盟の皆様に感謝いたします。

鈴木健史

編著者紹介
鈴木健史（すずきけんじ）
東京立正短期大学現代コミュニケーション学科幼児教育専攻准教授。保育ファシリテーション実践研究会主宰。専門は保育者論、子ども理解、子育て支援、ファシリテーションなど。保育の「ファシリテーション」「リーダーシップ」等について研究研修を行い、「保育者同士のよりよいコミュニケーション」「子どもに関わる大人の育ち」などに取り組んでいる。

コラム執筆　五十音順
粕谷幸代（かすやゆきよ）
社会福祉法人ル・プリかさまの杜保育園主任
竹嶋加奈絵（たけしまかなえ）
社会福祉法人ほうりん福祉会幼保連携型認定こども園
寺子屋大の木主幹保育教諭
水島謙（みずしまけん）
社会福祉法人相友会諏訪保育園リーダー保育士
本　京子（もときょうこ）
学校法人めぐみ学園認定こども園阿久根こどもめぐみ園
主幹保育教諭

現場でよくある悩みを解消
保育リーダーのための職員が育つチームづくり

2023年4月20日　発行

監　修　公益社団法人全国私立保育連盟
編著者　鈴木健史
発行者　荘村明彦
発行所　中央法規出版株式会社
　　　　〒110-0016　東京都台東区台東3-29-1　中央法規ビル
　　　　TEL 03-6387-3196
　　　　https://www.chuohoki.co.jp/

イラスト　　　　　サトウノリコ*
装幀デザイン　　　谷口守
本文DTP・デザイン　日経印刷株式会社
印刷・製本　　　　日経印刷株式会社

定価はカバーに表示してあります。
ISBN978-4-8058-8848-3